BIENESTAR EMOCIONAL EN HERMA... PERSONAS CON DISCAPACIDA...

Una guía para padres y hermanos

Autora:

Psicóloga María Isabel Martínez Ferreras

www.psico-discapacidad.com

E-mail: psico.mimf@gmail.com

LinkedIn: https://www.linkedin.com/in/misabelmartinez/

Corrección de estilo:

Licenciada en Letras Ana María Martínez

E-mail: anamary1686@gmail.com

LinkedIn: linkedin.com/in/ana-maría-martínez-25820215

España 2020.

Esta guía va dedicada a todas las maravillosas familias de personas con discapacidad que la vida me ha dado la oportunidad de conocer y atender. A ustedes: gracias por confiar en mí, en mi trabajo, por el amor, el cariño y el agradecimiento que siempre me han demostrado. Gracias por haberme enseñado tanto y darme lecciones de vida maravillosas. Son ustedes quienes me han motivado a seguir aprendiendo, dar lo mejor de mí y trabajar con pasión en el ámbito de la discapacidad.

¡Gracias por tanto!

BIOGRAFIA

María Isabel Martínez Ferreras es Licenciada en Psicología egresada de la Universidad Católica Andrés Bello (UCAB, Venezuela), con estudios de Diplomado en Inclusión Laboral de Personas con Discapacidad (AVEPANE, Venezuela), Máster en Trastorno del Espectro Autista (Instituto Superior de Estudios Psicológicos, ISEP. España) y Máster en Intervención ABA en Autismo y otros Trastornos del Desarrollo (ABA España). Además, cuenta con diversas formaciones académicas relacionadas con la intervención terapéutica y educativa de niños, adolescentes y adultos con discapacidad. Su trayectoria laboral se ha dividido entre Venezuela y España, atendiendo a niños, adolescentes y adultos con diferentes discapacidades; de igual forma ha brindado asesorías a sus familiares, principalmente padres y hermanos, lo que le ha permitido obtener una amplia experiencia, así como diversas herramientas para una óptima intervención terapéutica.

INDICE

INTRODUCCIÓN 5

CAPÍTULO 1: LA FAMILIA 8

    Dinámica familiar con un miembro con discapacidad 13

CAPÍTULO 2: HERMANOS DE PERSONAS CON DISCAPACIDAD 16

CAPÍTULO 3: GENERANDO BIENESTAR EMOCIONAL EN HERMANOS DE PERSONAS CON DISCAPACIDAD 30

    Necesidades manifestadas en consulta por los hermanos de personas con discapacidad 32

    Recomendaciones para padres con hijos con discapacidad 34

    Recomendaciones para hermanos de personas con discapacidad 47

CAPÍTULO 4: REFLEXIONES FINALES 52

INTRODUCCIÓN

La Organización Mundial de la Salud (OMS, 2020) * estima que, aproximadamente, más de mil millones de personas en todo el mundo presentan alguna discapacidad, lo que a su vez afecta a sus familias respectivas. Hoy por hoy, las personas con discapacidad o diversidad funcional constituyen una población muy vulnerable, dado que sufre marginación y desatención por parte de las autoridades e instituciones. Esta dramática situación se evidencia en los fallos o carencias dentro de la atención primaria relacionada con la asistencia sanitaria, educativa, social y recreativa, lo que se convierte, a su vez, en factores estresantes, poco esperanzadores, para sus padres y demás miembros del núcleo familiar.

Ya dentro del ámbito de la pareja y la familia, en la gran mayoría de los casos, los padres cuando tienen un hijo con discapacidad, centralizan toda la dinámica familiar y sus vidas en la discapacidad que padece su hijo: tienden a dejar de lado su espacio individual y, en ocasiones, su crecimiento profesional, abocando así la mayor parte de su tiempo a la atención del hijo. Esta situación, de igual manera, afecta considerablemente la relación y la calidad de vínculo que los padres hayan establecido con sus otros hijos debido a que, si estos no poseen alguna discapacidad, posiblemente dan por sentado que ellos cuentan con todas las herramientas necesarias para realizar por sí mismos las actividades del día a día. Es habitual, incluso, que los padres proyecten en estos hijos sin discapacidad todas sus expectativas de logros, así como sus anhelos y frustraciones.

Desde este planteamiento, los hermanos de personas con discapacidad, también presentan sus propias necesidades que requieren ser atendidas, ya que ellos se ven afectados, principalmente, en sus planes de vida y en su salud mental por la discapacidad de su hermano. Generalmente perciben que sus padres no les dedican el tiempo y atención que le destinan a su hermano. Por tanto, una de sus primeras necesidades que manifiestan es una mayor dedicación por parte de sus padres, dentro de la cual exista la posibilidad de conversar y exponer sus sentires sin temor a ser juzgados.

Adicionalmente es prioritario para las personas con hermanos con discapacidad: gozar de su propio espacio individual, pertenecer a un grupo con intereses comunes, entre otras peticiones vitales que, de no ser satisfechas, propiciarían el surgimiento de emociones y sentimientos que se les dificulta expresar o canalizar, y que, igualmente, les generan malestar. Esta falta de bienestar muy posiblemente los acompañaría por el resto de sus vidas, afectando su calidad, y mermando la calidad de vínculo establecido con sus padres y el hermano con discapacidad.

A lo largo de toda mi trayectoria profesional, me he formado y me he dedicado a la atención e intervención terapéutica de niños, adolescentes y adultos con discapacidad, así como a la esmerada escucha de sus familiares, principalmente padres y hermanos. En este sentido, he evidenciado cómo los hermanos de estas personas albergan una serie de emociones y sentimientos, en su mayoría contradictorios, que les produce un gran desasosiego que ha sido poco concientizado por parte de sus padres y demás familiares. De igual manera, me ha resultado llamativo la atención insuficiente que los profesionales de la psicología, de la salud y de la educación le han brindado a este tema: han sido muy escasas las investigaciones que se encuentran en la literatura especializada sobre la salud emocional de los hermanos de personas con discapacidad.

A través de la práctica terapéutica, he ido recopilando información sobre las emociones, los sentimientos y las necesidades que manifiestan y aquejan a los hermanos de personas con discapacidad, las cuales, por no ser atendidas, les ocasionan diversos padecimientos emocionales. Por este motivo, he escrito esta guía que no pretende exponer información de corte científico, sino ofrecer conocimientos sumado a una serie de recomendaciones con base en mi experiencia profesional, para promover el bienestar emocional de los hermanos de personas con discapacidad. De igual forma, esta guía pretende instruir, concientizar y orientar a los padres, que tengan al menos un hijo con discapacidad, sobre la importancia de este tema que, al ser considerado, influiría en que mejore la calidad del vínculo afectivo entre los miembros de la familia nuclear. Es importante resaltar que cuando decimos "padres" también incluimos a familiares directos que ejerzan el rol de padre o madre, en caso de que ambos estén ausentes, bien sea por abandono o fallecimiento.

*Organización Mundial de la Salud [OMS] (2020). Enlace: https://www.who.int/topics/disabilities/es/

CAPÍTULO 1: LA FAMILIA

La familia, entendida como el grupo de personas que comparten un vínculo consanguíneo o que están unidas por relaciones de filiación, constituye un elemento importante en el cuidado, la crianza y el desarrollo psico-afectivo y psicosocial de todo individuo. Cuando se habla de "familia nuclear" se menciona exclusivamente al padre, a la madre e hijos, mientras que el término "familia extendida" hace referencia a los abuelos, los tíos y los primos. Tanto los integrantes de la familia nuclear como de la familia extendida son fundamentales en el desarrollo de todo individuo, siendo la más importante e influyente la familia nuclear.

En el momento que una pareja concibe, o adopta a un niño, lo hacen desde la ilusión y con muchas expectativas sobre el futuro venidero. Al llegar el nuevo miembro a la familia, ocurre una modificación tanto en la estructura como en la dinámica familiar, la cual se irá forjando a partir del carácter, personalidad y salud mental de los padres, junto con las normas asociadas a la religión, la cultura y la educación que establezcan.

Cuando el nuevo miembro de la familia tiene una discapacidad, las ilusiones y expectativas, previamente concebidas, se ven alteradas; sentimientos como la incertidumbre, la preocupación, la ansiedad, la negación y la tristeza habitualmente abruman a los padres por no poseer las herramientas para gestionar adecuadamente esta situación confusa en emociones, que ocasiona que atraviesen por distintas etapas que se asemejan a las que se vivencian en un proceso de duelo afectivo (tema ampliamente estudiado y expuesto por la psiquiatra Elisabeth Kübler Ross), específicamente:

1. *Fase de negación*

Ante el diagnóstico de una discapacidad, los padres generalmente enfrentan un gran dolor emocional, por lo que podrían quedar en tal estado de conmoción que les impediría comprender la realidad.

2. *Fase de enojo*

En esta etapa predominan los sentimientos de confusión, ira y resentimiento. Los padres indagan dentro de las hipotéticas causas o intentan hallar los culpables de la discapacidad del hijo. Adicionalmente, se incrementan los problemas de comunicación en la pareja y, en consecuencia, los conflictos entre sus miembros.

3. *Fase de negociación*

Los padres comienzan a plantearse alternativas y estrategias para mitigar las consecuencias de la discapacidad de su hijo; por otra parte, alcanzarían a imaginar que la condición de su hijo podría ser reversible. Es en esta etapa donde aquellos, frecuentemente, buscan ayuda profesional y el apoyo de otros padres que se encuentran en la misma situación.

4. Fase de depresión

Los padres experimentan sentimientos de tristeza, vacío emocional y desesperanza. Muy a menudo los invade una desmotivación ante la vida y la necesidad de aislarse de su entorno social.

5. Fase de aceptación

Una vez que los padres atraviesan y superan las fases anteriores, van aceptando poco a poco la discapacidad que aqueja al hijo y todo lo relacionado a esto. En esta medida, van recuperando la motivación para realizar sus quehaceres del día a día.

Este proceso de duelo posiblemente se complique, sea difícil de superar y se alargue por más tiempo dentro de las parejas que han adoptado, por todo lo que implica el proceso de adopción en sí.

Para aclarar un poco más el tema, expondré brevemente acerca de qué es la discapacidad y los tipos de discapacidad.

¿Qué es la discapacidad?

La OMS (2020) reseña:

La Discapacidad es un término general que abarca las deficiencias, las limitaciones de la actividad y las restricciones de la participación. Las deficiencias son problemas que afectan a una estructura o función corporal; las limitaciones de la actividad son dificultades para ejecutar acciones o tareas, y las restricciones de la participación son problemas para participar en situaciones vitales.

Son múltiples las causas de las discapacidades, entre las que destacan: factores hereditarios, infecciones intrauterinas, anomalías cromosómicas, metabólicas, factores ambientales, alteraciones prenatales o perinatales. Existen diferentes tipos de discapacidad, principalmente las agruparé en tres categorías para un mejor entendimiento:

•*Física*

Se refiere cuando existe ausencia, pérdida o disminución total o parcial de la movilidad del cuerpo o una parte de este, de una o varias extremidades o partes de estas, específicamente: brazos, manos, dedos, piernas o pies.

•*Cognitiva*

Se evidencia cuando la persona presenta alteraciones en los procesos cognitivos básicos como la memoria, la atención, la percepción, el razonamiento, la resolución de problemas, las dificultades de aprendizaje, las limitaciones en las habilidades de lenguaje y la comunicación, las dificultades en la inhibición de conductas, entre otras.

• *Sensorial*

Implica la pérdida total o parcial de algunos de los sentidos, siendo los más frecuentes la vista, la audición y el habla.

Entre las discapacidades más comunes podemos encontrar: el Trastorno del Espectro Autista (TEA), Trastornos Generalizados del Desarrollo, Síndrome de Down, retraso mental, déficit de atención con y sin hiperactividad (TDAH- TDA), trastornos del comportamiento, dificultades del aprendizaje, trastornos mentales como la esquizofrenia, sordomudez, ceguera, espina bífida, parálisis cerebral, daño cerebral, distrofia muscular, etc. Existen casos en que una persona presenta múltiples discapacidades que afectan al mismo tiempo la parte física, cognitiva y sensorial.

Finalmente, también se encuentra *"la discapacidad adquirida"* que se refiere cuando una persona, en el transcurso de su vida, pierde la capacidad para llevar a cabo algunas actividades que anteriormente realizaba, como consecuencia de alguna enfermedad o accidente sufrido. Esta discapacidad podría afectar el área física, la cognitiva o la sensorial.

Dinámica familiar con un miembro con discapacidad

La dinámica familiar, ahora, se ve condicionada y limitada en función del nuevo miembro con discapacidad: todas las normas, reglas, rutinas y actividades se adaptan a esta circunstancia. En este sentido, la discapacidad se convierte en una fuente principal de estrés y sufrimiento para los padres y hermanos; no obstante, la manera en que ellos afronten, y vivencien esta nueva situación, dependerá de diferentes variables, tales como el carácter, la personalidad, la salud mental, la situación socioeconómica, el nivel educativo y cultural que posean los familiares a cargo del niño con discapacidad.

Es importante acotar que algunas discapacidades tienen comorbilidad con enfermedades respiratorias o cardiológicas, lo que conlleva a que sean más frecuentes las visitas a centros de salud, servicios asistenciales, fisioterapia, entre otros. Por otra parte, los espacios físicos de la casa pueden requerir de modificaciones para facilitar la movilidad física y adaptación de la persona.

En gran medida, la familia nuclear de las personas con discapacidad resulta para ellos un factor protector, que aporta muchos elementos importantes para la crianza y el bienestar emocional de cualquier ser humano: seguridad, apoyo, confianza, cuidado, resguardo y amor en la vida. Sin embargo, los padres, al focalizar toda su atención en el hijo con discapacidad, desarrollan comúnmente conductas sobreprotectoras hacia dicho hijo, motivadas por el miedo a que este le suceda algo o por subestimar la capacidad del niño con discapacidad para realizar ciertas tareas vitales y del día a día por sí mismos.

Estas conductas sobreprotectoras se reflejan, regularmente, en diferentes áreas de la vida del hijo, dado que afecta, principalmente, la adquisición y el desarrollo de capacidades de autonomía, de habilidades sociales y académicas, lo que genera una fuerte dependencia hacia sus cuidadores. Es importante subrayar que el desarrollo de estas conductas sobreprotectoras obedecerá al tipo y al grado de discapacidad que tenga el hijo, y de si esta fue adquirida o no, siendo más frecuente la sobreprotección cuando la discapacidad compromete el área cognitiva o mental.

La nueva dinámica, que comienza a adoptar la familia, influye de manera considerable en el tipo relación que previamente se hubiera establecido con otros hijos (si es que existen), así como también en el vínculo que se forje con los futuros hijos. De igual forma, la adaptación a esta realidad incide en la estabilidad emocional de los padres como pareja, ya que podría presentarse más conflictos y dificultades en la comunicación, lo que entorpece el proceso de adaptación y un adecuado afrontamiento a la discapacidad. Sumado a lo anterior, las relaciones interpersonales de los padres con la familia extendida y amigos en gran medida se ven afectadas, bien sea porque se evidencia mayor cohesión o distanciamiento entre ellos.

Resulta muy extenso y complejo disertar sobre la familia, ya que posee muchísimas aristas particulares, por lo que es casi imposible abordarlas todas en un solo libro. Por esta razón solo señalaré los aspectos más relevantes que permitan una mejor comprensión del tema.

Hasta ahora, he mencionado la reestructuración que se da en la dinámica de los padres con la llegada del nuevo miembro, pero es necesario preguntarse:

- *¿Qué sucede cuando en la familia ya había previamente otro hijo o nace un hijo después del hijo con necesidades especiales?*
- *¿Qué sucede con los hermanos de una persona con discapacidad?*
- *¿Cómo los hermanos conviven con esta situación?*
- *¿Por qué hablar de los hermanos de personas con diversidad funcional es un tema o un aspecto poco tratado en la literatura especializada?*

En el siguiente capítulo, abordaré este tema que resulta importante también hablar y discutir.

CAPÍTULO 2: HERMANOS DE PERSONAS CON DISCAPACIDAD

Poco se dice de los hermanos de personas con discapacidad, del vínculo afectivo y la dinámica que se establece entre ellos y sus hermanos con diversidad funcional. Dentro de la literatura especializada resulta escaso el material referente a este asunto; las pocas investigaciones y reportajes que se han realizado no son actuales y arrojan resultados poco concluyentes. Esto podría estar ocasionado por diversos factores: por una parte, la gran desatención que familiares y profesionales del ámbito educativo o de la salud le han dado a este tema; por otra parte, poner en marcha una investigación científica de diseño longitudinal, es decir, estudiar a distintas personas por un largo período de tiempo, supondría una gran dificultad, básicamente por la resistencia que tienden a mostrar los familiares ante la participación en un estudio de investigación.

Para abordar esta cuestión, responderé a la siguiente pregunta: *¿Por qué es importante hablar de la atención a niños, adolescentes y adultos que tienen un hermano con discapacidad?*

A lo largo de mi trayectoria profesional, he ido observando y recopilando información sobre las dinámicas, las necesidades, las emociones y sentimientos que abrigan los hermanos de personas con discapacidad. A primera vista, es posible percibir en ellos emociones y sentimientos de amor, gratitud, empatía, compasión, sentido del humor, admiración, tolerancia y respeto hacia su hermano, padres y demás familiares. En términos generales, los hermanos de personas con discapacidad valoran de manera positiva convivir con una persona con discapacidad porque los impulsa a valorar y a darle más sentido a la vida.

Asimismo, he percibido que los niños que crecen con un hermano con discapacidad tienden a asumir responsabilidades y a madurar más rápido que el promedio de sus pares, debido a que en casa ejercen, la mayoría de las veces, el rol de cuidadores, educadores y fomentadores de habilidades sociales de sus hermanos con necesidades especiales. Posteriormente, en la etapa de la adolescencia y la adultez es habitual que manifiesten interés por obtener más información sobre la condición que padece el hermano e, incluso, muchos de ellos, se forman y se desempeñan profesionalmente dentro del ámbito educativo y de la salud.

Cuando he conversado con los padres he notado que estos se avocan al cuidado y a las demandas emocionales requeridas por el hijo con diversidad funcional, restando consideración al mundo emocional del hijo que no presenta ninguna necesidad especial. Es habitual en los progenitores dar por sentado que el hijo sin discapacidad requiere menos refuerzo para aprender o realizar actividades vitales del día a día, de autonomía y académicas.

Dentro de este escaso miramiento a los hermanos de personas con discapacidad, existen padres que los dejan a un lado, no informándolos o involucrándolos en la situación. En otras palabras, muchos padres subestiman la capacidad de entendimiento con la que cuentan aquellos y, a su vez, desestiman el apoyo que son capaces de ofrecer a su hermano con discapacidad; esto, por supuesto, genera mucho malestar emocional dado que los hermanos se sienten poco valorados. Otro escenario, aunque poco frecuente, es cuando las familias centran más su atención en los hijos sin discapacidad que en el que sí posee una condición.

Ahora bien, en muchas ocasiones he observado que cuando el hermano mayor es el que tiene la discapacidad, los padres deciden tener otro hijo para compensar y subsanar la herida emocional que les ha dejado el primer hijo, proyectando en el hijo sin diversidad funcional todas sus expectativas, sus anhelos y la reparación de sus frustraciones. En consecuencia, los padres aspiran a que este hijo obtenga grandes logros y un óptimo desempeño en todas las áreas de su vida. Sumado a esto, el segundo hijo es concebido, probablemente, con el propósito de que sea un sustituto de sus padres cuando estos sean mayores o fallezcan y, posteriormente, se haga cargo del hermano con discapacidad.

A partir de estas expectativas que tengan los padres, se irá forjando la dinámica familiar, influyendo principalmente en el rol que asuma el hermano de la persona con discapacidad, lo que favorece que en él se revelen otras emociones y sentimientos, que le producen mucha confusión, estrés y sufrimiento. Además, asumir un papel tan demandante incide en que tanto la autoestima del hermano sin discapacidad, como la calidad del vínculo que él sostenga con sus familiares, se vean seriamente perjudicadas. Estos son algunos de los sentimientos que podrían afectar a los hermanos de personas con discapacidad:

- *Incertidumbre y preocupación*

El poco conocimiento e información, que dispongan los hermanos de personas con discapacidad sobre este tema, causa preocupación e inquietud en cuanto a cómo será la vida de su hermano y la de su familia. Cuando el hermano tiene dificultades para hablar y comunicarse, la incertidumbre se acrecienta en los hermanos de personas con necesidades especiales por no saber cómo gestionar estas situaciones en las que el hermano se expresa con limitaciones.

- *Miedo*

De la incertidumbre se deriva el miedo ante posibles situaciones reales o imaginarias, entre las que es más frecuente una posible complicación de salud. Del mismo modo, el hermano de la persona con diversidad funcional llega a sentir miedo cuando su hermano presenta conductas autolesivas y agresivas (golpes, jaladas de cabello, pellizcos, rasguños, por nombrar algunas) hacia sus padres o hacia ellos. Finalmente, pensar en el futuro y en la posibilidad de tener un hijo con discapacidad les genera mucho temor.

- *Soledad*

Generalmente, los hermanos de personas con discapacidad se encuentran a sí mismos muy solos ante esta situación, puesto que se les dificulta compartir sus sentimientos con sus amigos, familiares e, incluso, con sus propios padres.

- *Abandono*

Los hermanos de personas con discapacidad muy a menudo experimentan sensación de abandono emocional por parte de sus padres, dado que estos posiblemente no ofrecen la atención y el tiempo suficiente que su hijo sin discapacidad necesita.

- *Vergüenza*

El percibirse a sí mismo diferente con respecto a los demás, porque provienen de una familia que ha vivido situaciones diferentes, ocasiona mucha vergüenza en los hermanos de personas con discapacidad. Del mismo modo, se sienten abochornados por el qué dirán, por posibles reacciones de burlas, críticas y rechazos de los otros. En este sentido, la vergüenza se presenta cuando sus amigos y conocidos los abordan con preguntas relacionadas a la discapacidad del hermano. Si ambos hermanos asisten al mismo colegio esta situación empeora. No obstante, he notado que este sentimiento de vergüenza, que aparece en la infancia, desaparece en la adultez.

- *Culpa*

Este sentimiento se origina en los hermanos de personas con discapacidad, primeramente, por ser capaces de realizar actividades que sus hermanos no ejecutan satisfactoriamente. También ocurre cuando albergan sentimientos negativos hacia su hermano con discapacidad y, en ocasiones, hacia sus padres, por no querer asumir el rol o responsabilidad que estos le adjudican hacia su hermano. De igual forma, se origina la culpa por participar en actividades recreativas con sus amigos y no incluir a su hermano, por quien posiblemente sientan un rechazo que también les ocasiona mucho remordimiento. Por último, la culpa aparece cuando los hermanos de personas con discapacidad deciden irse de casa, vivir de manera independiente o formar su propia familia.

- *Celos*

Los hermanos de personas con discapacidad, frecuentemente, perciben que la familia dedica mayor atención, protección y amor hacia su hermano con discapacidad que hacia ellos. De esto se desprenden situaciones de celos, que ocurren, de igual forma, cuando los padres compran regalos o bienes materiales al hijo con discapacidad, así como también cuando les permiten realizar actividades que a los otros hijos les prohíben.

- *Enojo*

El enojo en los hermanos de personas con discapacidad se produce por diferentes motivos, entre estos: sentir que no son lo suficientemente escuchados por sus padres; no comprender por qué les tocó vivir esa realidad, la cual no terminan de aceptar; percatarse de que esta circunstancia probablemente los restrinja a realizar actividades recreativas (como ir al cine, al teatro, a restaurantes, a la playa, compartir con los amigos, entre otras) e, incluso, los limite a formar su propia familia en la medida en que la pareja del hermano acepte, y se adapte, a la discapacidad de su cuñado; cuando el hermano con discapacidad presenta conductas agresivas o poco adecuadas hacia sus padres o hacia ellos mismos (esto ocurre más a menudo en discapacidades que comprometen el área cognitiva, trastornos mentales o trastornos del desarrollo); finalmente, el enojo quizás se manifestaría tras recibir burlas o rechazo de otras personas.

- *Tristeza*

Este sentimiento de aflicción aparece en los hermanos de personas con discapacidad al ver tristes y preocupados a sus padres, y, a su vez, es causado por la sensación de soledad y abandono.

- *Baja autoestima*

La baja autoestima se genera por el hecho altamente probable de recibir menos atención emocional por parte de sus padres y de sentir que provienen de una familia con una dinámica diferente a la de los demás.

Estos sentimientos, de los hermanos de persona con discapacidad, generalmente pasan desapercibidos o son subestimados por sus padres, quienes frecuentemente muestran poca aprobación y tolerancia si el hijo manifiesta sus impresiones, sobre aquello que lo afecta, abiertamente. Por esta razón, los hermanos, por temor a ser juzgados y a no ser comprendidos, no exteriorizan sus sentimientos, tratan de minimizarlos u ocultarlos para cumplir con las expectativas que tienen los padres sobre ellos y, así, no causarles una preocupación más.

He observado que si los hermanos de personas con discapacidad están en la etapa infantil, son capaces de realizar conductas similares a las de su hermano con discapacidad o presentar conductas regresivas, es decir, conductas que mostraban previamente y que habían superado acorde a lo esperado para su desarrollo evolutivo, por ejemplo: no controlar esfínteres cuando ya sabían hacerlo, dificultad para hablar o comunicarse, chuparse el dedo, pedir ayuda para comer, para vestirse, por mencionar algunas. Tales comportamientos responden a la necesidad de obtener la atención emocional y el cuidado de sus padres. Adentrados ya en la etapa de la adolescencia, y la adultez, los hermanos de personas con discapacidad podrían encontrarse tan abrumados y sobrecargados por las demandas de sus padres hacia ellos, que sienten necesidad de alejarse de la situación y hacer vida aparte.

Las diversas emociones y sentimientos que vivencian los hermanos de personas con discapacidad, generándoles malestar emocional, no se reducen al momento del nacimiento, de adopción del hermano, o al momento en que adquirió la discapacidad; todo lo contrario, estas emociones y sentimientos los acompañarían por el resto de sus vidas, si no son atendidas a tiempo. No obstante, es en la etapa de la adolescencia, cuando se intensifica: la incertidumbre, la culpa, los celos, el enojo, la soledad, el abandono, el miedo, la tristeza y la baja autoestima.

Adicionalmente, he constatado que existen factores que median en la convivencia y en la intensidad con la que los hermanos de personas con diversidad funcional experimentan esas emociones y esos sentimientos que los afectan. Señalaré brevemente cuáles son estos factores que he evidenciado que son influyentes e importantes:

- *Tipo y grado de discapacidad que tenga el hermano con discapacidad*

Cuando el hermano posee una discapacidad que compromete el área cognitiva o mental, con un grado de afectación elevado, existe probabilidad de que su hermano vivencie, con mayor intensidad, los sentimientos de incertidumbre, de miedo, tristeza, enojo y celos. El sufrimiento resulta mayor si el hermano con discapacidad presenta limitaciones de autonomía, dificultades en el habla y la comunicación, y si muestra conductas agresivas y autolesivas.

- *El cómo los hermanos perciban, valoren e interpreten el cuidado que sus progenitores les han brindado*

Si los hermanos de persona con discapacidad consideran que el apoyo emocional ofrecido por sus padres es justo, sumado al adecuado respeto a su espacio individual y el involucramiento en la dinámica familiar para la toma de decisiones, los sentimientos que generan malestar aparecerán con menor intensidad.

- *El sexo de los hermanos*

Generalmente, los hombres adoptan un rol protector hacia su hermano con discapacidad. Por su parte, las mujeres asumen el papel de cuidadoras, en consecuencia, es habitual que se sientan abrumadas, sobrecargadas a causa de la enorme responsabilidad e, incluso, vivencien mucha culpa cuando realizan actividades recreativas, sin la presencia de su hermano, o bien cuando deciden formar su propia familia.

- *La personalidad y carácter de los hermanos*

Esto determina, en gran parte, cómo los hermanos se adapten y afronten la discapacidad del hermano. Cabe destacar que existen personas que poseen una personalidad resiliente, es decir, que cuentan con adecuados recursos para gestionar de manera óptima las diferentes situaciones de la vida, por muy difíciles, estresantes o dolorosas que estas sean. Por tanto, quienes tengan este tipo de personalidad, probablemente, afrontarán mejor la discapacidad en comparación a quienes no sean resilientes.

- *Número de hermanos*

Si son varios hermanos los que conforman la familia, se forja una red de contención emocional entre ellos para afrontar y llevar mejor la discapacidad del hermano; situación contraria si el hermano de persona con discapacidad no contara con más hermanos.

- *Si el hermano con discapacidad vive o no con sus hermanos*

Cuando el hermano de la persona con discapacidad vive en la misma casa de su hermano, se intensifican aún más los sentimientos que generan malestar porque el nivel de estrés y sufrimiento es mayor en los hermanos de personas con discapacidad.

- *Si los padres conviven o están separados*

Este tema, acerca de cómo la convivencia o separación de los padres influye en el bienestar emocional de los hermanos de personas con discapacidad, es muy amplio, ya que para entenderlo es necesario tomar en cuenta cada situación familiar en particular; de esto se deriva la complejidad a la hora de analizar el presente factor. No obstante, en líneas generales, cabe resaltar dos patrones de interacción familiar que aumentarían la posibilidad de que los hermanos de personas con diversidad funcional padezcan angustia y desasosiego, estos son:

1. Si los hijos tienen escaso o ningún contacto con uno de sus padres, lo que se traduce en un vínculo afectivo de poca calidad, independientemente si ambos progenitores conviven o no.

2. Si los padres mantienen relaciones interpersonales conflictivas entre ellos, tanto si comparten la vivienda como si viven separados.

En otro escenario, cuando los hijos mantienen un contacto sano y amoroso con sus padres, estos pasan a ser aliados protectores para la salud emocional, y a su vez, inciden en que el hijo se adapte favorablemente a la discapacidad que padece su hermano. Asimismo, este valioso apoyo que brindan los padres, hará que los hijos sin discapacidad se sientan menos sobrecargados de responsabilidades a causa de su hermano.

- *Poca autonomía del hermano con discapacidad*
  Esta variable se relaciona con el grado de discapacidad que tenga el hermano: si requiere de ayuda total o parcial para realizar las actividades del día a día, relacionadas con el aseo y la alimentación. Cuando la discapacidad demanda una colaboración absoluta se produce mayor estrés y sufrimiento dentro de la familia, debido al alto grado de dependencia que desarrollan los hermanos con discapacidad hacia sus cuidadores.

- *La edad y si se es el hermano mayor o menor*

He sido testigo en consulta de que cuando el hermano menor es el que tiene discapacidad, los hermanos mayores, si tienen más de siete años de edad, alcanzan a experimentar las mismas emociones asociadas a las de un proceso de duelo emocional (fase de negación, fase de enojo, fase de negociación, fase de depresión y fase de aceptación), ya que a partir de los siete años, muchos niños comenzarían a transitar las etapas del duelo tal como lo haría un adulto. Ante esta vivencia dolorosa, he corroborado que los padres dejan a un lado las emociones de sus hijos sin discapacidad, en parte por considerar que ellos cuentan con los recursos psicológicos necesarios para manejar sus emociones. Asimismo, al igual que sus padres, muchos de estos hermanos mayores ejercen un rol parental hacia el hermano con discapacidad.

Por su parte, si los hermanos mayores tienen menos de siete años de edad, habitualmente se encuentran confundidos, con dificultades para entender la situación, y a causa de esto exhiben comportamientos de celos, irritabilidad, berrinches e, incluso, muestran conductas regresivas.

En otro escenario, cuando el hermano mayor es quien tiene una discapacidad, los hermanos menores normalizan esta situación y no se cuestionan tanto sobre el tema de la discapacidad sino hasta que adquieren la capacidad para ello.

Ahora bien, cuando la discapacidad del hermano no es de nacimiento, sino que es una discapacidad adquirida, tanto el hermano mayor como el menor podrían atravesar un proceso de duelo, por el impacto que les ocasionaría ver a su hermano con una limitación para llevar a cabo actividades que previamente realizaba por sí mismo. Del mismo modo, surgiría una profunda conmoción al darse cuenta de que su hermano con discapacidad no puede participar, de la misma manera, en las actividades recreativas que antes efectuaban juntos. Con frecuencia, resulta muy difícil para el hermano aceptar la realidad, lo cual deriva en la profusión de sentimientos de confusión y frustración por no saber cómo actuar o qué decir de forma asertiva. Es importante recalcar que todo esto se determina, en parte, por el tipo y complejidad de la discapacidad, sumado a la forma en que el afectado afronte la nueva realidad.

- *Factores socioeconómicos y culturales*

Si la familia nuclear cuenta con escasos recursos económicos, presentará mayores niveles de estrés, ya que la atención de una persona con discapacidad conlleva muchísimos gastos, lo que a su vez influye en el cubrimiento de las necesidades educativas y recreacionales de los otros hermanos.

- *Factores religiosos*

La religión que practique la familia nuclear incide en la interpretación, la adaptación y el manejo de la discapacidad. Entre tantas religiones, se encuentran algunas que conciben la discapacidad como un castigo, e incluso, consideran que adoptar un niño no es lo más adecuado dentro de un matrimonio.

Todos estos factores no solo afectan en las emociones y sentimientos de los hermanos, sino que también determinan: la dinámica familiar, la unión familiar, la calidad de vida y los vínculos afectivos que se consoliden entre los miembros de la familia nuclear.

Por tanto, en la medida en que los hermanos se sientan escuchados y acompañados por sus padres ante cualquier circunstancia de la vida, sea buena o mala, se generará un respaldo que será una clave importante para promover el bienestar emocional, la salud mental, la mejora de la convivencia familiar y, a su vez, prevendrá: ciertas adicciones, conductas ilícitas, conflictos con sus pares, bajo rendimiento académico, entre otras.

En definitiva, es importante conversar y prestar atención desde la infancia a todos aquellos que tienen un hermano con discapacidad. Como seres humanos requieren su espacio individual, así como también necesitan percibir que son valorados, cuidados, atendidos y protegidos por sus padres.

CAPÍTULO 3: GENERANDO BIENESTAR EMOCIONAL EN HERMANOS DE PERSONAS CON DISCAPACIDAD

En consulta cuando les he preguntado a padres y a hermanos de personas con discapacidad acerca lo que significa para ellos el término "bienestar emocional", generalmente refieren que dicho término se relaciona con "sentirse bien", "estar felices", "hacer lo que les gusta", "estar tranquilos", "tener paz" y "tener salud". La definición de este concepto, por supuesto, es amplia y variada entre las personas, debido a que responde a una percepción subjetiva que ha sido influenciada por las circunstancias que a cada uno le ha tocado vivir.

Luego, cuando les he preguntado a los padres si ellos consideran que gozan de bienestar emocional, los comentarios han sido diversos: unos ofrecen respuestas dubitativas, ya que no están seguros de si tienen o no bienestar emocional; otros piensan que en casi toda su vida no han alcanzado a disfrutar de esa tranquilidad; algunos padres han expresado que sienten bienestar emocional si su hijo con discapacidad cuenta con buena salud, es feliz y aprende. Por su parte al responder a esta inquietud, los hermanos han señalado que su bienestar emocional depende de cómo se sienta su hermano con discapacidad. Las respuestas, como vemos, varían mucho en función de lo que signifique para cada persona "bienestar emocional", además de cómo ha sido la dinámica de la familia nuclear en la que han crecido.

Como comenté en al apartado anterior, algo que resulta evidente, tras observar muchos casos de familia, es que los padres centran la mayor parte de su atención en el hijo que posee alguna discapacidad; es decir, priorizan la satisfacción de sus necesidades a la par de procurar su bienestar emocional. En este sentido, la discapacidad se convierte en el eje central de la familia nuclear, hasta el punto de que influye en el bienestar emocional que gocen sus miembros, además que determina la calidad de vida de cada uno de ellos.

La buena salud mental en los padres y hermanos de personas con discapacidad es tan importante como el bienestar emocional del que tiene discapacidad. Para generar este bienestar, aunque influyen diversas variables, principalmente debe establecerse un equilibrio en la dinámica familiar en cuanto a la atención, la valoración y el respeto del espacio individual de cada miembro. En este sentido, es imprescindible que las emociones, los sentimientos, las necesidades y los deseos de todos los familiares sean escuchados sin temor a ser cuestionados o juzgados.

Quizás parezca utópico la consolidación del bienestar emocional en cada miembro de la familia, por todas las variables que impedirían alcanzar esto; sin embargo, es factible lograr una estabilidad psíquica que facilite el equilibrio en la dinámica familiar, siempre y cuando la comunicación, la valoración mutua y el respeto estén presentes.

El bienestar emocional, a su vez, influirá de manera considerable en la calidad de vida de las personas y en la unión familiar, lo que es importante y se convierte en factor protector para prevenir: la somatización de malestares emocionales, las adicciones, la ansiedad, la depresión, entre otras. En concreto, resulta beneficioso para la salud mental de cada uno de los miembros de la familia.

Los hermanos que he atendido en consulta me han brindado información sobre las necesidades que poseen y desean expresar a su familia nuclear. A partir de estas necesidades manifiestas, los padres pueden informarse, ser conscientes de ellas, satisfacerlas, y de esta manera ofrecer mayor contención y seguridad a sus hijos sin discapacidad.

Necesidades manifestadas en consulta por los hermanos de personas con discapacidad

- Informarse plenamente sobre la discapacidad del hermano, incluyendo también explicaciones acerca de las posibles complicaciones de salud que se presenten en aquel. En este sentido, los padres son los garantes de suministrar información oportuna a sus hijos sin discapacidad.

- Ser tomados en cuenta e involucrados en la gestión y toma de decisiones relacionadas con su hermano con discapacidad. De igual forma, requieren ser escuchados sin temor a ser juzgados.

- Adquirir herramientas para un adecuado manejo de conductas violentas en caso de que el hermano con discapacidad llegara a presentarlas.

- Obtener conocimientos sobre estrategias para actuar cuando su hermano con discapacidad se sienta triste, con miedo o enojado.

- Demandan conocimiento sobre cómo establecer límites conductuales con su hermano sin sentirse culpables por ello.

- Desean tener herramientas para gestionar las diversas emociones (enojo, tristeza, preocupación, culpabilidad, vergüenza y miedo) y así poder canalizarlas y minimizarlas.

- Quieren ser más asertivos. En ocasiones, los hermanos de personas con discapacidad sienten temor al desconocer la mejor forma de comunicarse, actuar y ayudar sin que su hermano o sus padres se ofendan; esto habitualmente es muy frecuente cuando el hermano padece una discapacidad adquirida.

- Necesidad de que sus padres les den su espacio individual, en el que realicen pasatiempos y actividades recreativas junto con sus amistades.

- Deseo de no sentirse sobrecargados con tanta responsabilidad en el cuidado de su hermano.

- Les gustaría compartir con otras familias que vivan situaciones similares, en la que se convive con un hermano con discapacidad, y así intercambiar experiencias e ideas.

En la etapa de la adultez, aparecen con frecuencia otras necesidades en los hermanos de personas con discapacidad, como por ejemplo:

- Que sus planes de vida y familiares sean respetados por sus padres.

- Aspiran conocer todo lo relacionado con las especialidades médicas y educativas que requiere su hermano.

- Trazar un plan de vida para su hermano con discapacidad, para cuando los padres ya no puedan hacerse cargo de él o para cuando fallezcan.

- Requerimiento de apoyo psicológico profesional, sobre todo para aprender a lidiar con el estrés y la ansiedad que toda esta situación les provocaría.

- Contar con estrategias para gestionar los celos que un sobrino le pueda generar a su hermano con discapacidad.

Recomendaciones para padres con hijos con discapacidad

Con base a las necesidades manifiestas que he ido recopilando en mi trayectoria profesional, acerca de los hermanos de personas con diversidad funcional, ofreceré algunas recomendaciones que orientarán a los padres a mejorar el vínculo afectivo con sus hijos, a promover su bienestar emocional y a manejar de forma óptima todas las circunstancias en torno a un hijo con discapacidad:

- Al momento de que su hijo reciba el diagnóstico de una determinada discapacidad, es muy recomendable que todos los miembros de la familia nuclear reciban intervención psicológica individual y familiar. La intervención temprana les permitirá a todos obtener el apoyo y las herramientas para gestionar, aminorar las emociones y sentimientos que generen malestar; de esta manera, se alcanzaría una mejor adaptación a la discapacidad.

- En un primer momento, los padres se sienten sobrecargados emocionalmente por el surgimiento de nuevas responsabilidades, y también, abrumados al no saber discernir entre tanta información, por el desconocimiento del tema, aunado a las preocupaciones económicas y laborales. De la mano de un profesional, se va recibiendo el conocimiento oportuno y la formación acerca de la discapacidad del niño o adolescente.

- Es imprescindible que los padres ofrezcan toda la información requerida por sus otros hijos para el entendimiento de la discapacidad del hermano. Esta información debe darse acorde a la edad que ellos tengan, con un lenguaje claro de fácil entendimiento, y en un espacio tranquilo, libre de distractores para así establecer confianza. Específicamente:

Los niños entre tres y seis años aún no tienen un pensamiento lógico, más bien su pensamiento es simbólico, egocéntrico, basado principalmente en la fantasía, por lo que al momento de interpretar las situaciones no distinguen entre sí es realidad o no. En estos casos, pueden simplificar la información sobre la discapacidad expresando puntualmente y señalándolo con imágenes:

-*¿Qué parte del cuerpo o habilidad está siendo afectada?*

-*¿Cómo influiría esta limitación en su desempeño en las actividades diarias?*

-*Especifica puntualmente el apoyo que necesitarán por parte de ellos y demás familiares.*

Los niños a esta edad generalmente captan muy bien la información mediante imágenes, videos y cuentos. Así que recomiendo a los padres buscar imágenes, bien sea de las caricaturas favoritas de sus hijos o de personas reales, que les permitan explicar y ejemplificar mejor la situación en torno a la discapacidad.

Los niños quizás manifiesten más inquietudes con respecto a la discapacidad; por tanto, no duden en resolvérselas. Manténganse atentos a cada pregunta, escúchenlos y respondan de la manera más clara posible, sin ambigüedades. Si tu hijo sin discapacidad te consulta sobre algo desconocido para ti, se vale decir: "no sé" o "podemos preguntarle al doctor".

Los niños menores de seis años, podrían albergar mucho temor y especular que ellos han sido los culpables de que su hermano tenga esa discapacidad (aquí influye el orden de nacimiento) o de que en algún momento de sus vidas ellos tendrán esa discapacidad. Por esto es que es imprescindible que los padres escuchen a sus hijos en estas edades tempranas, los acompañen y aclaren sus dudas.

Un psicólogo infantil será de mucha ayuda y apoyo en estos momentos; sin embargo, es recomendable que los padres también se involucren en darles la información a los hijos sobre la discapacidad de su hermano, para así evitar que esta responsabilidad recaiga sólo en el terapeuta. Es importante recordar que los hermanos necesitan recibir la explicación necesaria, referente a la discapacidad, de parte sus padres; de esta manera se sentirán escuchados, apoyados y tomados en cuenta.

Los niños mayores de siete años comienzan a desarrollar un pensamiento basado en la lógica: sus capacidades de razonar y analizar las situaciones se van desarrollando, junto con la capacidad de distinguir claramente entre lo que es fantasía y realidad. A partir de esta edad, a los niños les gusta ser tomados en cuenta y ser partícipes de las decisiones que tomen sus padres dentro de la familia; por lo tanto: muestran, en gran medida, mayor interés por la discapacidad que tiene su hermano; solicitan más información relacionada al personal especializado; preguntan más a los padres; revelan más curiosidad por los asuntos médicos y educativos que requiere el hermano.

Desde los siete años es conveniente proporcionarle al niño explicaciones sobre la discapacidad de su hermano, igualmente, con imágenes o videos. Esto le dará al hijo, que no posee necesidades especiales, más seguridad, tranquilidad y valoración propia, en tanto que se sentirá más tomado en cuenta. No obstante, es altamente recomendable solicitarle previamente al doctor, al terapeuta o al educador de tu hijo con discapacidad, información sobre el tema que puedas brindar a tus otros hijos y que sea acorde a la edad de ellos.

- Presten atención a los comentarios, opiniones e inquietudes de sus otros hijos, sin emitir ningún juicio de valor. Al escucharlos abiertamente, les están aportando verdadera compañía, apoyo y seguridad, lo cual les aportará la confianza para acercarse a ustedes cuando más lo necesiten.

- No proyecten en sus otros hijos altas expectativas de logros en las distintas áreas de sus vidas y actividades que realizan (estudios, trabajo, deportes, etc.); dado que les causaría mucho estrés, junto con un sentimiento de frustración, al pensar que si no alcanzan un desempeño óptimo en todo lo que hacen, no serán valorados y queridos por sus padres.

- La calidad de vida y bienestar emocional de los hermanos dependerá, en gran parte, de cómo ellos hayan sido tomados en cuenta y hayan sido valorados por sus padres o figuras de autoridad que ejerzan como tal.

- Los padres tienden a reprobar ciertas emociones (como el enojo, la tristeza, los celos, la vergüenza y la culpa hacia el hermano con discapacidad) al calificarlas de "negativas"; sin embargo, como seres humanos que somos, es natural experimentar todos estos sentimientos. Y en este punto, es importante resaltar que las emociones en sí no son ni buenas ni malas: vivenciarlas y manifestarlas abiertamente, sin ser juzgados por esto, permitirá que comprendan y canalizan mejor las mismas, lo que facilitará que se acepten y se adapten a su realidad.

- Favorecer la represión de las emociones de los hermanos de personas con discapacidad, contribuirá a que aquellos no tengan bienestar emocional, lo que propiciaría: la somatización física del malestar emocional, las adicciones a sustancias ilícitas u otras conductas poco sanas hacia ellos mismos.

- Es conveniente que los padres realicen alguna de estas preguntas para generar bienestar en los hermanos de personas con discapacidad cuando estos padecen miedo, culpa, tristeza o vergüenza:

    - *¿Cómo podemos ayudarte?*
    - *¿Qué podemos hacer para que te sientas mejor?*

- Ciertas emociones (como el amor, la gratitud, la empatía, la compasión, el sentido del humor, la admiración, la tolerancia y el respeto) que experimentan los hermanos hacia su hermano con discapacidad, y hacia sus padres, se convierten en factores protectores para su bienestar emocional si son potenciados y tomados en cuenta.

- Si tus otros hijos aún están en la etapa infantil, resulta muy efectivo motivarlos para que realicen un dibujo sobre cómo se sienten, ya que este tipo de expresiones artísticas les permite reflejar y drenar sus emociones.

- La realización de actividades deportivas y artísticas (como la música, el baile, la pintura y la literatura) son propicias para drenar y aminorar emociones que generan malestar emocional.

- Si tus hijos aún están en la etapa infantil, o de la adolescencia, y manifiestan desconcierto cuando otras personas los miran distinto, o se burlan por su hermano con discapacidad, díganles que lo mejor en estos casos es hacer caso omiso. En este sentido, es necesario explicar que determinadas actitudes de algunas personas es producto de la falta de empatía, compasión y respeto hacia los demás. Asimismo, si se llegara a presentar episodios de acoso escolar, conversen la situación con los maestros y directivos de la institución, ya que ellos estarían en la capacidad de emplear estrategias pisco-educativas que promuevan el respeto a los demás y prevengan el maltrato que esto ocasionaría.

- A través de frases motivadoras, reconózcanles a sus hijos sus talentos, sus capacidades y logros alcanzados.

- Motiven a sus hijos a realizar diversas ocupaciones de acuerdo a sus dones y talentos. Asimismo, anímenlos a que formen parte de un grupo social donde compartan pasatiempos y demás intereses.

- Hagan partícipes a sus hijos de las actividades educativas, de terapia o médicas que requiera el hermano con discapacidad. Consúltenles si les gustaría estar presentes en alguna de estas tareas; de esta manera, se sentirán valorados y tomados en cuenta por ustedes.

- No sobrecarguen a sus otros hijos de responsabilidades o cuidados vinculados al hermano con discapacidad. Háganles partícipes de algunos quehaceres, pero que sea de manera colaborativa y negociada, jamás impuesta.

- No subestimen el malestar emocional o problemas que presenten sus hijos, diferentes a la situación generada por el hermano con discapacidad. Resulta vital escucharlos con atención y aconsejarlos cuando estén enojados, preocupados o tristes por conflictos relacionados con el colegio, los amigos, la pareja, entre otros.

- Está bien pedir ayuda a un familiar, o contratar a un cuidador, para que asista al hermano con discapacidad mientras ustedes los padres, y sus otros hijos, se tomen un tiempo para participar en alguna actividad recreativa y de relajación.

- Si el hermano con discapacidad es adoptado, es aconsejable que sus hermanos sepan esto acorde a su edad. Explíquenles el por qué han adoptado y respóndanles todas las preguntas relacionadas a la adopción que les formulen, tomando como guía las pautas que expuse anteriormente para la utilización de imágenes a fin de ilustrar mejor el tema. Privarles de la información oportuna, acrecienta en los hermanos sin discapacidad la incertidumbre, el miedo y la ansiedad.

- No duden en solicitar ayuda psicológica para ustedes y sus otros hijos, en tanto que cuidar la salud mental es vital para tener calidad de vida.

  Cabe destacar que los hijos aprenden a gestionar las vivencias, y las emociones derivadas de ellas, en función de cómo sus padres las hayan afrontado; de esto se desprende también la importancia de acudir a un profesional de la salud mental a tiempo.

- Cuando uno de los hijos tiene una discapacidad adquirida, los padres, hermanos, y el propio hijo, pasan por un proceso de duelo emocional (como expliqué en el apartado anterior). La pérdida de la capacidad para realizar algo, que anteriormente se podía hacer, genera mucho sufrimiento y estrés. En estos casos es imprescindible: el apoyo psicológico profesional; el manejo adecuado de la información, y reuniones familiares donde se establezcan planes de contingencia, de vida y ayuda, con base a las necesidades del hijo con discapacidad. El soporte emocional que perciban los miembros de la familia nuclear, será clave para la adaptación a la nueva situación.

- En muchas ocasiones la discapacidad de un hijo requiere que ciertos espacios de la casa sean acondicionados para su seguridad. En este sentido, resulta obligatorio: la sustitución de escaleras por rampas; la colocación de protectores en las paredes, en los suelos y en las puertas; la fijación de adaptadores en el baño y la cocina, por nombrar algunos. Todas estas modificaciones dentro de la casa deben ser comunicadas a todos los miembros de la familia para que sean partícipes de estas remodelaciones dentro del hogar.

- Propicien y conformen espacios familiares en los que se compartan opiniones para expresar las emociones y sentimientos del momento.

- Los hermanos de personas con discapacidad necesitan que se respeten sus pasatiempos, sus proyectos de vida y gozar de ellos sin sentir culpa.

- No conviertan la discapacidad de su hijo en el único fin de sus vidas. Por el contrario, reserven tiempo de calidad para el desarrollo educativo, profesional, así como también para la ejecución de actividades recreativas y de descanso; todo esto es vital para que los padres y los hermanos de la persona con discapacidad cuenten con equilibrio emocional.

- Busquen talleres de apoyo que congreguen a familias de personas con discapacidad, dado que son un espacio para la escucha, para la comprensión, el acompañamiento, e incluso para la adquisición de estrategias valiosas y aplicables a los hijos con discapacidad.

- Cuando la discapacidad compromete el habla y la comunicación, quienes están alrededor de la persona con discapacidad requieren de la utilización de algunas herramientas para comunicarse y darse a entender, como pueden ser: imágenes, pictogramas (dibujos que simbolizan un objeto real, una acción o una emoción) y lenguaje de signos. Lo más recomendable en estos casos es que todos los integrantes de la familia nuclear, y los miembros de la familia extendida que habitualmente frecuentan a la persona con discapacidad, aprendan del uso adecuado de estos instrumentos de interacción. Dentro de esta tarea, es aconsejable alentar a sus otros hijos a que elaboren en conjunto los pictogramas o imágenes que requerirá su hermano para comunicarse; de esta manera: se sentirán valorados y tomados en cuenta, será más fácil la comunicación, disminuirá la incertidumbre y el estrés que generaría el no entenderlos como ellos esperarían.

- Las conductas agresivas, disruptivas o poco adecuadas, que podría presentar una persona con alguna discapacidad que comprometa el área cognitiva, generalmente son producto de su dificultad para comprender una situación, para comunicarse, para darse a entender y también suceden cuando las otras personas no saben transmitirle la información de manera efectiva. Por esta razón, es muy importante que todos los miembros de la familia nuclear adquieran conocimiento del tema, y que el psicólogo que interviene a tu hijo les brinde a todos las estrategias adecuadas para el manejo de escenarios violentos o incómodos. Cabe destacar que cada ser humano es diferente y le aquejan diversas necesidades, por lo cual los planes de intervención tienen que ser individualizados y ajustados a su realidad.

- Promuevan la autonomía de su hijo con discapacidad, incentivándolo, por ejemplo, a que lleve a cabo sus hábitos de higiene y de alimentación por sí mismo. El ser autónomo será un factor determinante para alivianar el estrés y el sufrimiento dentro de la familia nuclear, asimismo esto le permitirá al hijo con discapacidad adquirir herramientas de autocuidados para el momento de que sus padres no puedan hacerse ya cargo de él o fallezcan.

- La sobreprotección hacia los hijos con discapacidad fomenta: la dependencia hacia sus cuidadores (padres y hermanos, principalmente), la poca autonomía y, de hecho, la presencia de conductas agresivas y desafiantes hacia sus familiares.

Al llegar a la etapa de la adultez, se acrecienta, en gran medida, la incertidumbre en los hermanos de personas con discapacidad al pensar qué sucederá cuando sus padres no puedan asistir a su hermano o cuando estos fallezcan. Por esta razón, es imprescindible que los padres establezcan junto con sus hijos un plan de vida a futuro, que les permita a los hermanos conocer las medidas o acciones que se tomarían cuando su hermano con diversidad funcional se quede sin sus padres. Eso sí, la planeación debe ser colaborativa mas no impuesta, y para esto es imprescindible que los deseos y opiniones de los hermanos de personas con necesidades especiales sean escuchados.

En el siguiente cuadro, señalo algunos puntos primordiales que podrían ser tomados en cuenta como guía para establecer ese plan de vida, el cual se ajustará a las necesidades de cada familia en particular:

- *¿Vivirá el hermano con discapacidad en algún centro residencial?*
- *¿Cuáles son las opciones de centro residencial existentes?*
- *¿Dónde está ubicado el centro residencial?*
- *¿Cómo y quién costeará el centro residencial?*
- *¿Cómo y quién costeará los gastos de servicios médicos y personales del hermano con discapacidad?*
- *¿Los hermanos estarían dispuestos a visitar a su hermano al centro residencial?*
- *En caso de no irse a vivir a un centro residencial: ¿los hermanos tendrían la capacidad de hacerse cargo de él?, ¿cuál de los hermanos asumiría el rol de cuidador?, ¿tienen un plan en caso de que el hermano no vaya a un centro?*
- *¿El hermano con discapacidad es lo suficientemente autónomo para vivir sólo? En caso de que sí lo sea: ¿podría él, por sus propios medios, asumir sus gastos? Y si no es autosuficiente: ¿quién lo apoyaría económicamente si no se vale por sí mismo?*
- *Es aconsejable que quede por escrito los servicios médicos y educativos, los medicamentos y las terapias que requiere el hermano con discapacidad, junto con la frecuencia y el horario en los que debe llevarse a cabo todos estos servicios y asistencias.*

Aunque estas inquietudes se presentan mayormente en la etapa de la adultez en los hermanos de personas con discapacidad, aconsejaría conversarlas directamente con ellos desde la etapa de la adolescencia. Por otra parte, si los hermanos de personas con necesidades especiales aún son niños o adolescentes, es recomendable comunicarle a un familiar o un amigo cercano este plan de vida a futuro para el hijo con discapacidad, ya que contar con un apoyo adicional proporcionaría una mayor tranquilidad a todos los miembros de la familia nuclear.

- A las personas con discapacidad cognitiva se les dificulta la comprensión de la muerte, es más, es un tema poco abordado por sus padres y cuidadores. Cuando uno de los miembros de su familia fallece, por lo general experimentan sensaciones de angustia, miedo y ansiedad. La poca comprensión que poseen en torno a la muerte acrecienta aún más la incertidumbre, lo cual podría ocasionar episodios de irritabilidad y agresión hacia los otros. Cabe destacar, que la intensidad con la que probablemente los hijos con discapacidad vivan las emociones asociadas a una pérdida, dependerá también de otros factores: como la edad que tengan, el tipo de discapacidad que posean, cuán cercano era al fallecido, y si esa persona estaba muy presente en la dinámica familiar.

Por esta razón, es muy importante educar sobre la muerte a los hijos que tienen una discapacidad cognitiva de una manera muy sencilla. Para esto, se sugiere recurrir a imágenes, relatos cortos o cualquier medio interactivo que sea de su interés y que los instruyan. De igual modo, para el tratamiento del fallecimiento de un familiar en personas con discapacidad, la ayuda psicológica es primordial, ya que permitirá realizar una intervención individualizada ajustada a las necesidades de cada caso en particular.

Cuando uno o ambos padres fallecen, el malestar y las conductas agresivas se intensifican en los hijos con discapacidad cognitiva, y quienes se ven obligados a lidiar con estos episodios violentos son sus hermanos, lo cual dificulta el manejo de esta vivencia dolorosa. Por eso es fundamental conversar con los hijos, desde edades tempranas, sobre lo que ocurriría en un futuro tras la pérdida de los progenitores, para así evitar futuros problemas de conducta.

Recomendaciones para hermanos de personas con discapacidad

- Los sentimientos y emociones que experimentes en tu vida, dentro de la convivencia e interacción con tu hermano con discapacidad y con tu familia, no son ni buenos ni malos, sino que constituyen parte esencial del ser humano. Si sientes que no sabes cómo canalizarlos, gestionarlos o te abruman, hasta tal punto que interfieren en tu desempeño laboral y personal, busca ayuda psicológica profesional.

- No tengas miedo de conversar francamente con tus padres acerca de tus sentimientos y emociones.

- Realizar diversas actividades deportivas, recreativas y artísticas (como la ejecución de un instrumento musical, practicar el fútbol, la pintura, el baile, la escritura, por mencionar algunas) es altamente aconsejable para drenar tus sentimientos y emociones.

- Acudir a talleres de apoyo, en donde participen otros hermanos de personas con discapacidad, resulta una muy buena opción porque allí podrías: exteriorizar abiertamente tus emociones, conocerás a otras personas que atraviesan por situaciones similares a las tuyas y conseguirás formar una red social de apoyo.

- Propicia un momento y un espacio adecuado para manifestar tus inquietudes a tus padres en relación con la información recibida sobre la discapacidad de tu hermano, y los servicios médicos que requiere. De igual modo, este encuentro te serviría para expresar tus temores con respecto a posibles complicaciones de salud de tu hermano con discapacidad, y planificar cómo será su plan de vida en el futuro.

- Si deseas apoyar a tus padres con el cuidado y educación de tu hermano, házselo saber a ellos; seguramente lo apreciarán y valorarán mucho.

- Si te sientes sobrecargado de responsabilidades, notifícaselo a tus padres. La comunicación es esencial para la negociación y el establecimiento de una sana dinámica familiar.

- Si tienes más hermanos, conversa con ellos acerca de tus sentimientos e indaga sobre cómo les gustaría apoyar al hermano con discapacidad.

- Frecuenta a tus amigos: no te sientas culpable de compartir con ellos y de participar en actividades recreativas donde no esté tu hermano. Recuerda que cada persona es un ser individual, y como tal requerimos de nuestro propio espacio en el que disfrutemos de nuestros intereses y preferencias.

- Si recibes burlas o comentarios inapropiados, dirigidos a tu hermano con discapacidad, en la calle o en el colegio, ignóralos y notifícaselo a tus padres y maestros, ya que ellos podrán ayudarte a gestionar esta situación.

- Si tu hermano siente tristeza, miedo o enojo, y por su tipo de discapacidad no alcanza a expresar la razón de sus emociones, es aconsejable recurrir a imágenes o pictogramas que le faciliten entender y comunicar el por qué se siente así. En este sentido, el psicólogo que atiende a tu hermano podría proporcionarte ayuda e información valiosa sobre estas técnicas y cómo aplicarlas adecuadamente. No existe una regla general para diseñar y emplear estas herramientas de comunicación, ya que cada persona, aun cuando padezca un tipo discapacidad común, es diferente y presenta sus propias necesidades, por lo que la elaboración de las imágenes o pictogramas debe ser atendiendo a estos requerimientos individuales.

- Cuando seas adulto, seguramente querrás independizarte o formar tu propia familia; si tu hermano tiene una discapacidad que altere el área cognitiva, es probable que se le dificulte entender tus planes de vida fuera de la casa en donde conviven. Por esta razón, es fundamental que se lo vayas explicando de manera progresiva, y para esto podrías valerte, igualmente, de imágenes, pictogramas, cuentos, videos, entre otros.

Asimismo, resulta útil: llevar a tu hermano a que conozca tu nuevo hogar; presentarle a tu pareja, y así generar dentro tu propia casa un espacio de interacción y recreación dentro del cual él se sienta a gusto.

- Con el nacimiento de un sobrino, los hermanos con discapacidad posiblemente sientan celos, los cuales manifiestan a través de conductas regresivas, berrinches, conductas desafiantes y agresivas, resistiéndose, incluso, a seguir instrucciones. Tales comportamientos pretenden llamar la atención de sus cuidadores y que la familia aboque todos sus cuidados hacia él.

En estos casos, se le recomienda a los padres y a los hermanos: conversar con el hijo con discapacidad sobre la llegada a la familia del nuevo miembro, desde el momento de su concepción; brindarle toda la información ajustada a su entendimiento (igualmente es válido emplear herramientas como imágenes, pictogramas, videos, cuentos); involucrarlo en pequeñas actividades relacionadas con el sobrino (organizar la habitación, escoger la ropa, comprar los artículos necesarios, entre otros), y después de participar en estas tareas, reconocerle y felicitarle por su colaboración. Aplicar cada una de las estrategias mencionadas, podría aminorar los celos y la posible manifestación de conductas inadecuadas.

- Recuerda que ante alguna situación imprevista que genere caos, estrés y angustia en la familia, es recomendable advertir y preparar a tu hermano. Si tiene una discapacidad que compromete el área cognitiva, recuerda utilizar imágenes, pictogramas, videos o cuentos. En internet se encuentran muchos recursos educativos gratuitos muy valiosos, por lo que es un gran aliado.

Todas estas recomendaciones conseguirían que los hermanos de personas con discapacidad: manejen de forma adecuada esas emociones y sentimientos; establezcan un vínculo afectivo más fortalecido con sus padres y hermanos; mejoren su calidad de vida, y, por tanto, se sientan mejor. Cada persona, junto con su situación familiar, es distinta, por lo que una atención psicológica, enfocada en necesidades específicas, es indispensable para una óptima adaptación y afrontamiento de la discapacidad, así como también para generar bienestar emocional.

CAPÍTULO 4: REFLEXIONES FINALES

Podría resultar todo un desafío para las familias contar con un miembro con discapacidad, dado que no sólo la sufre quien la padece, sino también los que están a su alrededor. Son diferentes las emociones y los sentimientos que afloran cuando la dinámica familiar se establece y gira en torno a la discapacidad. Como he expuesto en páginas anteriores, es probable que los miembros de la familia nuclear dejen a un lado: sus metas, sus planes de vida, sus profesiones y actividades recreativas, y aunque en primera instancia esto no pareciera un inconveniente, en el transcurso de la vida va generando malestar emocional.

Tal como he reseñado en esta guía, son diversos los motivos que influyen y que condicionan el bienestar emocional de una persona. Sin embargo, las variables más importantes o determinantes comienzan a gestarse en casa, dentro de los modelos de crianza y convivencia con la familia nuclear. En este sentido, para que cada uno de sus miembros goce de bienestar emocional y, por ende, de una buena salud mental, es indispensable: una comunicación abierta; el cuidado entre todos los integrantes de la familia; la atención emocional adecuada; el respeto a la intimidad y al espacio propio, y la escucha activa en la que no intervengan juicios de valor. Todos estos aspectos forjarán un mejor vínculo afectivo con los padres y con el hermano con discapacidad, lo que se traduciría en una dinámica familiar más saludable.

Mantener un equilibrio entre la vida familiar y un desempeño óptimo en diversas áreas de la vida, suena quizás utópico y difícil de concretar. No obstante, es posible lograrlo si se recurre a otros familiares, a grupos de apoyo y a profesionales del área de la salud y la educación. De igual forma, es fundamental asistir a un psicólogo para canalizar todas las emociones y sentimientos, en torno a la discapacidad del hermano, así como para adquirir estrategias válidas para fortalecer el bienestar emocional y el de todos los miembros de la familia nuclear.

Para finalizar, espero que esta guía haya sido de utilidad para informar, esclarecer y concientizar sobre la importancia que se le debe dar a la atención e intervención psicológica de los hermanos de personas con discapacidad. Asimismo, se pretende no solo sentar un precedente orientativo, sino motivar al cumplimiento de futuras investigaciones acerca de este tema, que constituye aún una asignatura pendiente dentro del ámbito familiar, educativo y de la salud.

Manufactured by Amazon.ca
Bolton, ON

Beautiful new zealand

Beautiful
new
zealand

REED

Established in 1907, Reed Publishing (NZ) Ltd
is New Zealand's largest book publisher, with over 300 titles in print.

For details on all these books visit our website:
www.reed.co.nz

Published by Reed Books, a division of Reed Publishing (NZ)
Ltd, 39 Rawene Rd, Birkenhead, Auckland 10. Associated
companies, branches and representatives throughout the world.

ISBN 0 7900 0603 0

©1997 Reed Publishing (NZ) Ltd
Reprinted 1998, 2001
The authors assert their moral rights in the work.
All photographs by Holger Leue unless otherwise acknowledged.

Front cover: Sheep muster, North Canterbury
  by Graeme Meadows
Previous page: Marokopa Falls, Waikato
Back cover: Mount Ruapehu; Tane Mahuta kauri,
  Maori whalebone carving

Cover designed by Sunny H. Yang

Printed by Everbest Printing Co.

Te Reinga to Auckland **6**

Waikato to the Volcanic Plateau **26**

46

Coromandel to the Wairarapa

Taranaki to Wellington **64**

Marlborough and Nelson to Kaikoura **76**

Christchurch and Canterbury **88**

The West Coast **104**

Dunedin and Otago **120**

Murihiku: The South **138**

Acknowledgements **160**

Contents

The gateway to Auckland's Aotea
Centre, the work of Maori artist
Selwyn Muru.

Te Reinga to Auckland

Tradition has it that Northland is where Kupe, the Maori discoverer of Aotearoa, landed. When he took the news back to the legendary Hawaiki it was of a place of sunshine, beauty and incredible potential. The east coast is a complex of deep harbours with names that roll off the tongue like breakers coming in from the sea — Parengarenga, Houhora, Kerikeri — down to Whangarei, the main city of the north. The west coast is a maze of estuaries and shallow harbours, dominated by the Hokianga Harbour. Everywhere there are long sandy beaches and small sun-baked settlements snoozing in the sun.

Once upon a time the rugged hills were totally covered with the kauri, King of Trees; although the majority were felled for the early shipbuilding industry there are still some stands remaining to remind us of the imposing forests that touched the sky. Other places are haunted with memories of the kauri gumlands, where Maori and Dalmatian worked together.

The Bay of Islands was the cradle of both Maori and Pakeha settlement and it was here that the Treaty of Waitangi was signed in 1840. From the grounds of the Treaty House you can look across to Paihia and Russell. Nearby Okiato was the site of New Zealand's first capital, although this was soon moved to Auckland.

Sprawled across the isthmus between the Manukau and Waitemata Harbours, Auckland has grown from a shantytown on the beach to become New Zealand's largest city, and the largest Polynesian city in the world.

Today Auckland is in fact four cities — Auckland City itself, North Shore City, Manukau City and Waitakere City. The centrepiece of Auckland City is Queen Street, which runs up from the harbour to Karangahape Road, but throughout there are suburbs of distinctive charm and individuality. The dance clubs and restaurants of Ponsonby, Herne Bay, Parnell, Mission Bay and Devonport are always busy, while the Polynesian markets of South Auckland are vibrant and alive.

Auckland's natural configuration is complicated by volcanic cones, the most dramatic of which is Rangitoto Island. More than any other feature, Rangitoto is a physical icon for Aucklanders, symbolising their love of the outdoors and their wonderful harbour.

Native flax provides a graphic
foreground to the Hokianga Harbour,
on Northland's west coast.

Kerikeri was the second Anglican
mission station in Aotearoa New
Zealand, and the Stone Store is the
oldest surviving stone building in the
country. Nearby are the beautiful
Rainbow Falls. Orchards abound near
Kerikeri, the country's premier citrus-
growing area.

Once a haven for tall whaling ships, the Bay of Islands is still a favourite destination of sailors, sunseekers and fishers. Cruises include the Fullers Mailboat, which delivers mail to the more isolated bays of the coast, and the fascinating Hole in the Rock. Later on, where better to relax than Russell's historic Duke of Marlborough Hotel?

The sundial on Russell's Flagstaff Hill overlooks the town and the superb Bay of Islands.

Pompallier House, which stands on Russell's waterfront, is now a museum illustrating the early days of Russell and the French mission which was based here under Bishop Pompallier. Traditional printing crafts are now undertaken here, recreating the mission's major activity last century.

16

In 1840 the Treaty of Waitangi was signed by the British and a number of local Maori chiefs. The Treaty House itself dates from 1833 and served as the home to the first British resident, James Busby, who helped negotiate the Treaty. The whare runanga (meeting house) is unusual in that it incorporates carvings from tribes throughout New Zealand. Also in the grounds stands Tokimata-whaorua, a seagoing waka (canoe).

Auckland is New Zealand's largest city.
The Sky City Tower is a dominant part
of the skyline at 328 metres, taller than
both the Eiffel Tower and the Centre-
point Tower in Sydney. Sitting astride
the Waitemata and Manukau harbours,
Auckland is a boater's paradise.

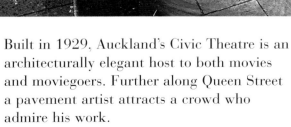

Built in 1929, Auckland's Civic Theatre is an
architecturally elegant host to both movies
and moviegoers. Further along Queen Street
a pavement artist attracts a crowd who
admire his work.

The city is connected to the North Shore
suburbs by the Harbour Bridge, built in
1959, with extra lanes added by Japanese
engineers (and wittily referred to as 'the
Nippon clip-on').

From the volcanic cone of Mt Eden, the
island of Rangitoto provides a sculpted
backdrop to the city below. On Auckland
city's waterfront, the America's Cup Village
is surrounded by bars, restaurants and cafes
to suit all tastes. Further along the waterfront, at Kelly Tarlton's Underwater World
spectators can travel through transparent
tunnels within a giant aquarium and visit
penguins in the Antarctic exhibit.

The cafes, restaurants and bars along Ponsonby Road reflect New Zealand's diverse styles of cuisine. Below, at the Auckland War Memorial Museum visitors can explore all facets of New Zealand's history, as well as seeing contemporary travelling exhibitions of local and overseas arts and crafts.

25

The spectacular Marokopa Falls, near
Te Anga, in the Waikato.

Waikato to the Volcanic Plateau

During the Land Wars of the 1860s the Maori King Tawhiao threw his hat on a map of New Zealand and said, 'Where the hat lands I will protect all those who have given offence to the Queen of England.' The hat landed on the King Country, an area of limestone, which accounts for its often amazing topography of crags, ravines, canyons and caves. One such formation has become one of the great subterranean wonders of the world — the Waitomo Caves. The spectacular Glow-Worm Grotto shimmers with a million tiny lights like a miniature heaven.

The stronghold of the Maori Kings is in the Waikato on the Turangawaewae marae at Ngaruawahia. Not far away is Taupiri Mountain, where the Maori Kings are buried. Through this landscape winds the mighty Waikato River. Each year in March war canoes sail on the river as part of an annual celebration of Kingitanga, the heritage of the Maori King movement.

Right at the heart of the North Island is the Volcanic Plateau. The volcanic area actually runs from White Island on the east coast diagonally through Rotorua down to Taupo and the mountains of Tongariro National Park.

At Whakarewarewa Village, in Rotorua, Maori culture forms part of a theatrical backdrop of mudpools, hot springs, drifting steam and spouting geysers. If you want to be reminded of a more ferocious aspect of the area visit Waiotapu or the Waimangu Valley. In this region, in 1886, Mount Tarawera erupted, destroying the fabulous Pink and White Terraces. Drive on to Taupo, and when you swim in the lake, go yachting or fish for trout, just remember that once upon a time this was a volcano that blew its top.

Hamilton is surrounded by some of the country's richest farmland. The city is intersected by the country's longest river, the Waikato. Home to the University of Waikato, the area is also renowned for the quality of its agricultural research and development.

At Waitomo, in the King Country,
sightseers come from all over the world
to visit the magnificent Waitomo Caves,
one of the world's natural wonders. The
traditional boat journey will take you
through the caves, or you can join a
blackwater rafting tour to explore this
underground world in more adventurous
fashion.

The Karapiro dam system provides much of the North Island's electricity. Lake Karapiro is also world-renowned as a rowing venue and has excellent areas for water-skiing and trout fishing.

The city of Rotorua, with its ever-present smell of hydrogen sulphide, is a the heart of a region known for its spectacular volcanic beauty. Among its

many attractions is the historic
bathhouse in the Government Gardens,
home of the Rotorua Art and History
Museum. Also of interest is the

Agrodome, which regularly features
demonstrations of sheep shearing and
dog working.

Rotorua's Whakarewarewa Reserve is a major centre of Maori culture and has become an important school of learning for Maori craftsmen and women. At its entrance visitors practise the hongi, the traditional Maori greeting. The carvings on the meeting house have a special significance for the local people.

32

The Te Arawa people are well known for their spectacular singing and dancing. Women practise the art of poi dancing and men perform the haka. Traditional stories are told in the movements and actions that accompany the songs.

The area around Rotorua boasts an amazing variety of thermal activity. While the geysers and mudpools at Whakarewarewa (opposite, bottom) are well known, a visit to the Wairakei Thermal Valley (opposite, top) just 10 km north of Taupo can provide an equally dramatic experience of steam and bubbling mud. Halfway between Rotorua and Taupo the colourful Champagne Pool (above) is one of the attractions of Waiotapu Scenic Reserve.

Across Lake Tarawera can be seen the
famous Mt Tarawera, which on 10 June
1886 exploded, destroying the fabulous
Pink and White Terraces

Steam rises from the Wairakei
geothermal power station, the second
largest in the world. The awesome
power of the earth's natural resources
can also be seen at the mighty Huka
Falls, on the Waikato River, a little
nearer Taupo.

New Zealanders and visitors from all
over the world come to fish the waters
of Lake Taupo and ski the slopes of Mt
Ruapehu, whose warm crater lake looks
deceptively quiet in the afternoon sun.
Although the mountain has not erupted
in recent times, it is still an active
volcano. At the foot of the mountain
stands The Grand Chateau, with Mt
Ngauruhoe beyond.

Mt Ngauruhoe at sunrise, obscured by
the swirling clouds.

Late afternoon near Port Jackson,
Coromandel Peninsula.

Coromandel to the Wairarapa

Before the coming of the Pakeha, Coromandel provided an impenetrable screen of lush fern and kauri forest. Like the Northland forests, however, the kauri of Coromandel were soon felled for the ship-building industry. Gold was discovered at Thames and Waihi in 1867, and the gold industry flourished until early this century. Today gold is once again being mined at Waihi, but Coromandel is better known for the golden sand of its beaches and the wild beauty of its peninsula.

The shoreline of the Bay of Plenty can take your breath away, especially when pohutukawa blossoms in the summer. When Europeans settled the area it was developed into sheep and cattle country, but today oranges, kiwifruit and grapes have taken over. The harvest is shipped to markets around the world.

South of the Bay of Plenty is East Cape. For a time whaling flourished along the coast, but today's pursuits are primarily fishing, sheep and cattle grazing, and forestry. The settlements haven't changed much since the old days, resembling frontier towns out of a Western movie.

The beaches around the Cape, Poverty Bay and down through Hawke's Bay are among the most magnificent in New Zealand, and the whole coast resonates with history, both Maori and Pakeha. Some of the biggest Maori meeting houses are found here, and some of the North Island's most graceful colonial houses.

Inland from the Cape are the mysterious Ureweras, home of the Tuhoe people, the Children of the Mist. Their kingdom is a mountain fortress guarded by rocky terrain, silver waterfalls and lakes.

Hawke's Bay is the home of some of New Zealand's great sheep stations. More recently its climate has encouraged diversification into horticulture, market gardening and orcharding. Half of New Zealand's wine is made in Hawke's Bay. The twin cities of the area, Napier and Hastings, were severely damaged in an earthquake in 1931. Napier was reconstructed in the angular, jazzy, Art Deco style and today is known as the Art Deco Capital of the World.

Then there's the Wairarapa, the centre of New Zealand's Scandinavian community, and a strong agricultural region. The main city of the Wairarapa is Masterton, while nearby Martinborough is the centre of a growing wine industry.

The deserted peace of Cathedral Cove,
near Hahei, on the Coromandel
Peninsula, contrasts with the gentle
clamour of a livestock auction at nearby
Coroglen.

Driving Creek railway, the creation of
potter Barry Brickell, winds up through
the brilliant green of the bush to a view
across the Coromandel valley.

The east coast of the Coromandel Peninsula looks straight across the ocean to the place where the sun rises. Here at Opoutere the sunrises are dramatic, with colours ranging from delicate ochres and pinks to cerise, violet and vermillion.

The fishing boat *Gay Dolphin* tosses in
Coromandel Harbour in a sea
quickening with the tide. At Thames
memories abound of the gold rushes of
the 1860s and '70s, when the town's
population reached 20,000, almost twice
that of Auckland. The Brian Boru Hotel,
one of the few remaining
accommodation houses, is best known
today for its Murder Mystery weekends.

White Island, in the Bay of Plenty, occasionally sends up steam and lava just to remind us that it is still an active volcano.

Mt Maunganui, famous for its surf, is a favourite summer holiday spot in the sunny Bay of Plenty.

On the wall of a fish and chip shop at Katikati, a family poses outside a typical Bay of Plenty church, as if waiting for a photograph to be taken. On the beach near Opotiki, two Maori seek the succulent pipi, a shellfish regarded as a delicacy.

The East Coast has a relaxed lifestyle,
and the drive around the coast is for
those with plenty of time, who are
happy to leave themselves open to
whatever happens next. At the north
end of Poverty Bay, at the junction of
two rivers and within easy reach of
beautiful beaches, lies Gisborne. Within
the city are many beautiful parks and
the city's main street, Gladstone Road, is
adorned by an impressive clock tower.

A dolphin leaps during a sea world display at Marineland, Napier. The city is famous for its Art Deco buildings, attracting many visitors throughout the year. The annual Art Deco weekend attracts interest from around the world and celebrates the city's unique style.

Castlepoint Lighthouse, east of
Masterton, signals a warning to ships off
the wild Wairarapa coast. A fishing boat
shelters in the lee of the headland.

Mt Taranaki (also known as Mt Egmont) has a reputation for being New Zealand's most climbed mountain. The mountain's dominance is more than visual, as the Taranaki province, in part, owes its fertile land to its volcanic ash.

Taranaki to Wellington

On a clear day, Taranaki (also known as Mt Egmont) can be seen from the South Island. It made itself known to the earliest Maori canoe voyagers but when Abel Tasman sailed past in 1642 it hid itself from him. However, for James Cook in 1770 Taranaki was kinder. He saw it through cloud and rain, with lightning dancing around its crown. In 1841 ships of the New Zealand Company arrived from England's Plymouth and, within the gaze of Taranaki, established the settlement of New Plymouth.

From the summit of Taranaki you feel as if you can see the world. Ruapehu, Taranaki's brother mountain, is eastward. Seaward is a curve of black sand, like a fin flicking at the deep blue of the Tasman Sea. Below, the rainforest carpets the flanks of the mountain, and beyond the plains roll towards New Plymouth and Hawera to the south. Offshore, oil rigs dot the Taranaki Bight.

To the south, the deep gorges, waterfalls and wilderness of the Whanganui River have a special attraction for those who would explore it by canoe, white-river raft or jetboat. The Rangitikei and Manawatu rivers, further inland, are just as stunning. At the seaward end of the Manawatu gorge is the largest city of the plains, Palmerston North. For many years a university town, today Palmerston North is also a centre for agricultural and horticultural research, and for wider education.

Wellington, the capital, is one of New Zealand's most cultured and vibrant cities. The suburbs of Wellington all retain their own special character. Newtown, for example, is a mix of Maori, Pacific Island, Greek and new immigrant families, creating a joyful blend of fun and excitement. In recent years the waterfront and inner city have been transformed into a showcase of art, music, theatre and culture. Innovative architecture has added a new and exciting look to the city, contrasting with the older, gentler areas of Mount Victoria and Tinakori Road.

New Plymouth city has become the focus of oil based industries in New Zealand as well as maintaining its important role in agricultural development. Pukekura Park, a must see when visiting the city, was once wasteland and was converted to its present beauty by volunteer labour.

Wanganui, one of New Zealand's oldest cities, charms visitors with its mature gardens and fascinating heritage, some of which can be viewed at the Wanganui Regional Museum. The city is established around the Whanganui River, which formerly provided a coastal port link with Wellington and New Plymouth. Further south, Palmerston North is home to many hectares of splendid parks, and is also home to a number of agricultural research centres, including Massey University.

Whanganui National Park, which opened in 1987, encompasses 79,000 hectares of lowland forest on both sides of the Whanganui River. The Park is popular with trampers, many of whom head for the Bridge to Nowhere. Built in 1936, the bridge was never fully utilised as many settlers were abandoning the area by the time of its completion. Today the area's main industry is tourism, and the river provides exciting jet-boating and canoeing adventures.

Low sun illuminates Oriental Bay, one
of Wellington's most attractive suburbs

Wellington's Beehive is an addition
to the old Parliament Buildings.
Opened in 1981, it was inspired, so
people say, by the logo on a box of
matches.

The Cable Car provides a swift, steep ride from the inner city, seen here from Tinakori Hill, to the university suburb of Kelburn.

The Wellington skyline has been transformed in recent years, with a number of striking new buildings. Wellingtonians are particularly proud of their Civic Square, with its paved courtyard and tiled fountains. The Museum of New Zealand, Te Papa Tongarewa is a stunning building both inside and out. As well as housing exhibits that explore and explain many aspects of New Zealand's history and culture, the museum also plays host to travelling exhibitions from other parts of the country and the world.

The Marlborough Sounds offer glorious
isolation, a calm haven in which to
escape from the pressures of the world.

Marlborough and Nelson to Kaikoura

The Marlborough Sounds are magical sea-filled valleys which provide spectacular sailing and swimming. Their shores are clothed with unspoilt bush. Some of the islands further out are home to New Zealand's tuatara, a living link back to the dinosaurs of old.

Inland from the Sounds, the perspective changes. High tussock and alpine country overlook gentle river valleys and the sprawling Wairau Plains. Marlborough was once the home of great sheep stations, but today orchards, vineyards and berry fields dominate the landscape. The soil, and the sun, are particularly conducive to fine wine production and as a result Marlborough is home to some of New Zealand's best, and biggest, wineries.

West of Marlborough is Nelson, described by Abel Tasman in 1642 as 'a great land uplifted high'. Nelson shares with Blenheim one of the best climates in the country. Its beaches are golden sand swept by sparkling sea, the townships are colourful and friendly, and fruit trees, vines and berries flourish amid valleys of trees and ferns.

Nelson City, established by the New Zealand Company in 1842, is the centre of the province. Today it is a delightful mix of modernity and old world charm. Although its traditional industry remains horticulture, the area's rich fishing grounds have now turned Nelson into the biggest fishing port in New Zealand. The city is also a magnet for artisans — jewellers, potters, glassworkers and sculptors — who create some of New Zealand's finest craftworks. Close by is Abel Tasman National Park, a wonderful area of golden beaches, steep granite formations, limestone caves and native forest.

The Kaikoura coast follows the Pacific seaboard all the way down to Canterbury. Whaling was once a major industry along the coast. Today, the more gentle art of whalewatching provides an opportunity to witness some of the world's most beautiful creatures.

The hills surrounding the Marlborough Sounds are dotted with holiday homes, many of them reached by boat. During the still evenings the area is alive with the sounds of sea and forest. Among the most distinctive songsters of the region is the weka, a small flightless bird about the size of a domestic hen.

Lake Rotoroa, the larger of the two lakes of Nelson Lakes National Park.

The sun, surf and wind make Abel
Tasman National Park ideal for yachting, windsurfing and sea kayaking, or
simply lazing on its lovely beaches.
Above, Nelson city is recognised as the
geographical centre of New Zealand and
also claims to be the 'sunshine capital'
of the country.

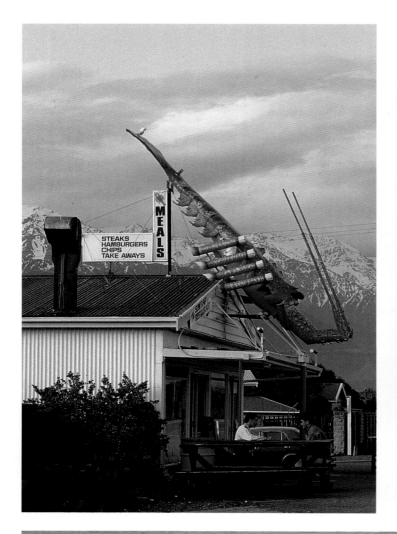

Many who visit Kaikoura come by train, enjoying the scenic coastal route. The area is famous for its kai moana, or seafood.

The view from Mount Fyffe, named
after a pioneer whaler. Today it is whale
watching that draws visitors to
Kaikoura, as well as adventure activities
such as paragliding.

Akaroa was founded in 1840 and was the only French colony in the country. The town has traces of its origins in its early architecture. However, the village is predominantly late Victorian in style and well worth the time and effort to visit.

Christchurch and Canterbury

The landscape of Canterbury is dominated by its mountains. They are sentinels of the southern sky, with passes like narrow gateways through to the West Coast. For the traveller they provide an everchanging vista of immense power and beauty. New Zealand's longest glacier, the Tasman, is located in Mt Cook National Park. Ski-planes regularly set down skiers at the top of the glacier for a fabulous run down a magical river of ice and snow.

The immense Canterbury Plains, once the home of the giant moa, seem to roll on forever. From the air, the plains look like a vast pastoral ocean of patchwork green and gold, interrupted every now and then by the blue-grey of an intricately braided river.

In 1840 the French established a settlement at Akaroa, on Banks Peninsula, a township which today still maintains a piquant Gallic flavour. But it wasn't until 1848 and the establishment of the Canterbury Association in London that the idea of founding an Anglican settlement in New Zealand was formulated. Two years later, in 1850, four ships — the *Randolph, Charlotte Jane, Cressy* and *Sir George Seymour* — landed at Lyttelton. The idea was to transpose a model English society, complete with bishop, gentry, tradespeople and other workers, people known for their respectability and high morals. The result was a South Seas version of Britain that has no parallel in New Zealand.

Nowhere is this more apparent than in Christchurch, the largest city of the South Island. The cathedral triumphs in the centre, and church spires spike the sky. Amid drifting willows the river Avon wends its way through a city of Gothic architecture and ever-changing colours. The green banks and parks blossom with flowers in spring, transforming the city into a colourful garden. Walk around the old university buildings, now transformed into an Arts Centre, or visit some of the city's older schools, splendid amid leafy settings, and you would think you were in an English university town.

There is, of course, also a 'new' Christchurch, vibrant and ambitious, which reminds you quite firmly that the city is looking very much to the future. A busy airport, a growing reputation as an industrial city utilising the best of modern technology, and progressive city planning have made Christchurch one of the most positive of New Zealand's cities.

Cambridge? No, punting on the River Avon, Kiwi-style. The river winds its way through the city of Christchurch, past the modern Town Hall with its ingenious fountain, and the nearby Floral Clock.

90

Christchurch's Cathedral Square is always alive with activity. Buskers entertain, people sit and watch the crowds pass by, and the city's Wizard declaims.

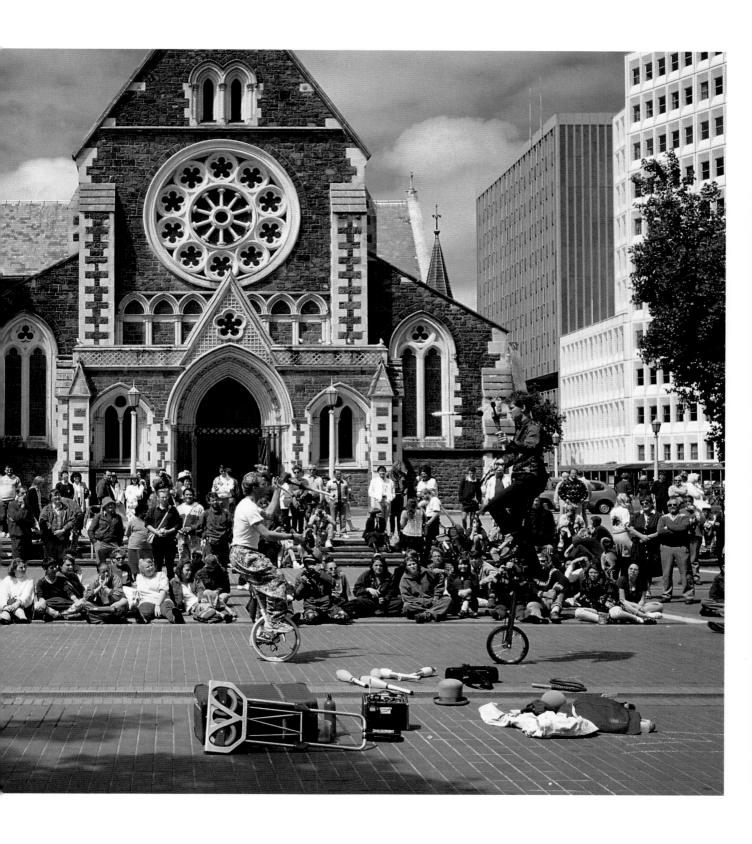

A prominent landmark in Lyttelton is
the Timeball Station, its Victorian
mechanism signalling the time to ships
in the harbour by the dropping of a ball
down the mast on the top of the tower.

Christ's College, founded
on the principles of an
English public school, is
one of the country's
oldest.

Two cyclists on Summit
Road, the rim of the Port
Hills, watch the sun set
over Christchurch.

A large mural, painted on the side of
the Fire Station at Lake Tekapo,
acknowledges the place of sheep in the
colourful history of the Mackenzie
country.

The Church of the Good Shepherd, at
Lake Tekapo, was built in
acknowledgement of the sacrifices of the
early runholders of the area. The
sheepdogs of the Mackenzie country are
also honoured here.

Sheep graze on winter pasture beside
Lake Tekapo, South Canterbury.

Within Mount Cook National Park, scenic flights over
the Southern Alps are popular, with one landing site on
the Tasman Glacier. The glacier is 27 kilometres long
and is kin to the mighty Mt Cook, 3753 metres high
and New Zealand's highest mountain.

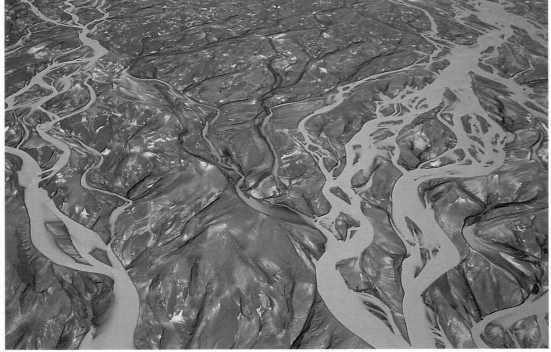

From the snow-capped peaks and
glaciers, water drains into the braided
rivers on both sides of the Main Divide,
and forms lakes such as Pukaki, a vital
part of the Upper Waitaki Power
Development Scheme.

A glimpse of what lies ahead, the
coastline of the West Coast.

The West Coast

The West Coast is rather like a forest fortress, its mountain peaks palisades guarding against all-comers. A constant curtain of rain provides an extra layer of protection. Were it not for the fabled greenstone, or pounamu, perhaps the Maori would never have come here, to the great Westland rivers, the Arahura and the Taramakau.

Later, another kind of stone, gold, brought Europeans into the area. Ironically, the gold was found beneath a greenstone boulder by Maori who were more interested in the pounamu. This was in 1864. A year later gold mining began in Hokitika and Reefton. Even later, another mineral, coal, added to the region's prosperity.

The goldmining days brought a sense of the frontier to the West Coast. Perhaps it is because of this that Coasters are considered different from other New Zealanders. Not any better or worse, just a bit different — irreverent, enterprising, sometimes stubborn, but always decent. In many respects they are the archetypal 'good keen men' and independent women of New Zealand's ideal society, having a healthy disrespect for authority and relying more on their own sense of what's right and what isn't.

One of the most dominant features of the West Coast is the opalescent sea, which seems to carry on a constant love affair with the coast. The whole of the West Coast is a place of whispers, of sounds and mysteries, offering moments of sheer beauty as when a white heron feathers the air at its nesting place at Okarito.

It is also a place of immense silence. The beaches are unpopulated and the emerald green forests are isolated. Nowhere is the silence more profound than at the two rivers of ice — the Fox and Franz Josef Glaciers. Sometimes, in the gleaming half-light of day, they defy reality and render the surrounding landscape unreal also.

The astonishing Pancake Rocks, at
Punakaiki, lie within one of New
Zealand's newest national parks,
Paparoa. Nearby the rich red of the
pohutukawa flower adds a vivid splash
of colour to the bush. A little further
south, a cyclist sets out on the road to
adventure.

108

During the latter part of the nineteenth century Okarito was alive with pubs, dance halls, casinos, banks and stores, as miners flocked to join the search for gold on the Coast. Today it is a quieter place, sought for its detachment from the world, and the allure of its whitebait.

A canoeist shares the peace of Okarito
Lagoon with a rare white heron, or
kotuku. The only breeding ground of
the kotuku is on the banks of the
nearby Waitangiroto Stream.

Guided walking tours take visitors right
on to the magnificent Fox and Franz
Josef Glaciers. At close quarters these
shining rivers of ice ripple with blue and
green colours and reveal jumbled blocks
of ice.

Gillespies Beach is part of a rocky coast
that was once part of the gold rushes,
and the allure of the precious metal still
calls back resolute goldpanners.

The West Coast combines superb
natural beauty with an immense
diversity of flora — some of the species
in Westland National Park date back
over 160 million years.

The perfect reflections of Westland's Lake Matheson in early morning light.

The West Coast is renowned for its extraordinary weather and skyscapes. Cloud swirls over Mt Tasman (below), and a rainbow emerges after a shower (right).

Winter landscape near Lindis Pass.

Dunedin and Otago

Otago is a place of mountains, lakes and glaciers. Most striking are The Remarkables, near Queenstown, but equally lovely are the mountains around Lakes Hawea, Wanaka and Wakatipu, where glaciers ground the hills into rounded shapes before the time of man. Then there is the Clutha, a river of immense strength, storming through steep gorges to the sea.

Queenstown is New Zealand's best-known mountain resort. An area of unsurpassable beauty, it is also a centre for adventure activities — jetboating, rafting, tramping, heliskiing or, for those who don't mind being tied by the ankles, the ultimate thrill — bungy jumping.

The earliest Europeans in Otago were whalers. As with Christchurch, however, settlers soon realised the potential of the alluvial plains, and in 1848 the ships *John Wickliffe* and *Philip Laing*, with three hundred settlers aboard, arrived in Otago Harbour. Primarily Presbyterian, the Scottish founders established Dunedin on the fortunes of great sheep stations. The discovery of gold boosted the city's coffers and, by 1871, one in every four settlers in New Zealand was to be found in Otago. By the 1880s Dunedin was the country's largest, most industrialised and pre-eminent commercial city. Although this is not the situation today, Dunedin still exerts considerable influence nationally.

Dunedin has the reputation of being the Edinburgh of the South, the result of its Scottish heritage. Constructed of grey stone, it is a handsome city, with many buildings that are perfect Victorian artefacts. Everywhere there are church spires topping churches of austere Gothic grandeur. The Municipal Chambers display a frontage in the Italian style, while the architecture of the law courts, the railway station and the university attest to a Victorian exuberance muted by a sense of respectability.

Throughout Otago there are still signs of a prosperity based on whaling, sheep rearing and gold. Otago's greatest treasure, though, is its unique landscape.

Lake Wanaka (above and centre left)
and Lake Hawea (bottom left) are
water-filled glaciated valleys, the result
of glacier action that has smoothed and
rounded the landscape below the
surrounding peaks.

Rosehips and willows grace the
Matukituki river valley.

Originally a gold-mining settlement, Cromwell originally sat on the confluence of the Clutha and Kawarau rivers. In 1992 its commercial centre vanished beneath the waters of Lake Dunstan when it formed behind the Clutha Dam. The town now rests within a lakeside surround. The region around Cromwell is renowned for its fruit-growing ability, particularly apricots and nectarines.

Mustering time at Loch Linnhe Station,
near Queenstown. Meanwhile, on the
banks of Lake Wakatipu, sheep briefly
take precedence on the road.

Queenstown is the home of adventure,
with bungy jumping and jet boating two
of its major attractions.

If a jump from the historic Kawarau
Bridge doesn't appeal, you can take a
gondola ride up to Bobs Peak, high
above Queenstown.

TSS *Earnslaw* is the last of four steamers that plied Lake Wakatipu during the height of the gold rush days. Queenstown nestles on the edge of the lake.

A sea lion, glistening sovereign of the seashore, roars at Moeraki Peninsula. The Moeraki coastline is steeped in Maori history, and the famed Moeraki boulders, each weighing several tonnes, are said to be the petrified food baskets of an early canoe which was wrecked on the offshore reef.

Taiaroa Head is the home of a famous
Royal Albatross colony. Also on the
Otago Peninsula is the imposing Otakou
Marae. A scenic rail journey in this part
of New Zealand must take in the craggy
Taieri Gorge.

The University of Otago was the first university in New Zealand. The old part of the building was begun in 1870.

Larnach's Castle, built in 1871 by a wealthy banker who later became a Member of Parliament, is notable for its impressive ballroom, ornate ceilings and Italian marble fireplaces.

Dunedin Railway Station, built in 1907, is embellished with an impressive tower, magnificent mosaic floor, and stained glass windows with a distinctly 'railways' theme.

Olveston is an Edwardian residence that conjures up the elegance of a bygone era, beautifully furnished with antiques, fine paintings and memorabilia.

Lush ferns in a remote Fiordland
setting.

138

Murihiku: The South

The southern end of Aotearoa is known to the Maori as Murihiku, and encompasses Southland, Fiordland and Stewart Island. Southland's history is similar to that of Otago. Invercargill was settled by Scots people from Dunedin in 1856, and the Scots heritage is still noticeable in the way Southlanders speak; there is a distinct burr on their r's. The new settlers found Southland similar to the Scottish highlands, and they established sheep runs on the Southland plains.

Bluff is the harbour from which agricultural produce is sent to all parts of the globe. It is also a vigorous fishing port, with catches of deep-sea fish, crayfish and shellfish. The Bluff oyster is considered by connoisseurs to be the ultimate in oysters.

Offshore from Invercargill is Stewart Island, a special place of bush-clad hills and quiet beaches. The Maori name is Rakiura, a reference to the glowing skies and auroras which play on the southern horizon.

West of Invercargill the vista opens out to the unparalleled beauty of Fiordland National Park. Sea and the massive forces of the Ice Ages have created astounding physical configurations to the land. Every day rain, wind, cloud and sleet combine to recreate an everchanging panorama. Along the coast are the great fiords — Milford, Bligh, Caswell, Nancy, Doubtful, Dusky and Preservation Inlet. Inland are the Takitimu Mountains and the lakes Te Anau and Manapouri, and the magnificent Milford Track, a walk which has been called the finest in the world.

The superb Catlins coast has a rugged
grandeur that, once experienced, is
never forgotten.

Nugget Point lighthouse surveys a rocky
coast. In contrast, the small church at
Waikawa is serene in the sunshine.

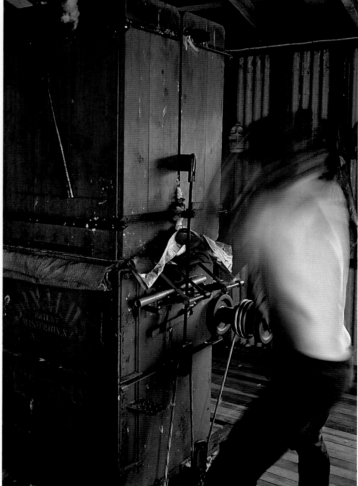

Sheep shearing is a fast and furious
business — definitely not for the faint-
hearted.

A field of wild flowers on the road to Milford Sound. Milford is dominated by Mitre Peak, rising steeply from the deep waters of the fiord.

Trampers experience all types of conditions on the 54-kilometre Milford Track, often described as 'the finest walk in the world'. The magnificent Bowen Falls drop down into Milford Sound.

Dawn at Cascade Cove, Dusky Sound,
and half-light at Acheron Passage.

Doubtful Sound, named Doubtfull
Harbour by Captain Cook in 1770, is
one of the most haunting of the
numerous southern fiords. Nearby,
morning mist hovers over the rainforest.

A playful dolphin leaps before the Milford Wanderer, scouting across the mist-shrouded waters of Dusky Sound.

No matter where you are, you will
always find surfers chasing the waves,
even here at Oreti Beach, among the
most southern waves of the world.

The tuatara, often called New Zealand's living dinosaur. Southland Museum in Invercargill has the country's most successful breeding programme.

During the late 1800s Invercargill was known as the 'City of Fires' as a result of low water pressure that hindered firefighters. The Invercargill water tower, opened in 1889, was utilised for its intended purpose until the 1930s when it was relegated to a back-up role until the 1990s. It is now a protected building and is a reminder of the city's early engineering feats.

The port of Bluff welcomes visitors into this southern seafaring town. The area has an expanding export trade and is the base for boats that dredge the Foveaux Strait for world-famous Bluff oysters. The oyster season is celebrated with an annual week-long festival that includes oyster-opening and oyster-eating competitions.

154

Fred and Myrtle Flutey's house, in Bluff,
celebrates the beauty of the paua shell
in a unique and fascinating way.

Stewart Island is a special place. Remote
and sparsely populated, it has great
appeal to trampers and others seeking
peace and tranquillity. It also supports a
vigorous fishing industry.

Stewart Island's Maori name is Rakiura,
aptly translated as 'island of glowing
skies'.

Acknowledgements

Thank you to the many New Zealanders who welcomed me to Aotearoa and made me feel at home.

And thank you, friends and fellow travellers, for the inspiration and the best of times. You know who you are.

— H.L.

Thanks to Montana Wines Ltd and Air New Zealand for travel assistance in the South Island, and to Holger Leue, Ian Watt, Susan Brierley, Chris Lipscombe and Alison Jacobs.

— W.I.